酒店服务业精益管理之道
——从精益生产到精益服务

周立刚 杨福东 刘超超 牛占文◎著

中国商业出版社

图书在版编目（CIP）数据

酒店服务业精益管理之道：从精益生产到精益服务 / 周立刚等著. -- 北京：中国商业出版社，2025.8.
ISBN 978-7-5208-3457-5
Ⅰ．F719.2
中国国家版本馆CIP数据核字第2025Y3H332号

责任编辑：杨善红

中国商业出版社出版发行
（www.zgsycb.com 100053 北京广安门内报国寺1号）
总编室：010-63180647 编辑室：010-83125014
发行部：010-83120835/8286
新华书店经销
北京虎彩文化传播有限公司印刷
*
710毫米×1000毫米　16开　10印张　139千字
2025年8月第1版　2025年8月第1次印刷
定价：68.00元
*　*　*　*
（如有印装质量问题可更换）

序　一

与作者周立刚相识已近30年，彼时他在中国银行山东分行所属酒店筹备开业，并计划整合精益管理到东方酒店管理公司。多年来，我们始终保持联系。周立刚始终以勤学精进、务实创新的态度深耕于酒店管理领域。尤其是近10年来，他潜心钻研，将起源于制造业的精益管理理念成功引入服务业，并在泉城大酒店进行试点，取得了显著成效。欣闻其研究成果结题成书，特此向广大读者推荐《酒店服务业精益管理之道——从精益生产到精益服务》。作为一位扎根酒店管理一线的实战派专家，立刚不仅创新性地将精益管理模式应用于酒店运营实践，更通过系统总结构建了完整的管理体系，最终将其宝贵经验凝练成书，这一成就值得赞赏。

精益生产的核心在于消除浪费、持续改进和创造价值，将其精髓移植到酒店管理中，意味着我们要重新审视每一个服务环节，识别并消除一切不创造价值的活动。从餐饮服务的流程优化，到服务的标准化操作，再到后台支持部门的高效协作，精益管理将帮助酒店构建起一条高效、灵活的价值流。尤其是在近几年，酒店行业面临人力成本上升、客户需求多元化、市场竞争加剧等多重挑战，精益管理的引入显得尤为重要。它不仅能够帮助酒店提升运营效率、降低成本，还能够通过优化服务流程提升宾客满意度，从而在激烈的市场竞争中占据优势。

本书的价值在于，它不仅是对精益理念的简单移植，而且深入探讨了如何将精益原则与酒店服务业的特殊性相结合。作者通过丰富的案例和实践经验，展示了如何将精益工具和方法应用于酒店运营的各个环节，从而实现效率提升、成本降低和服务质量优化等多重目标。例如，书中详细解析了如何通过价值流图分析酒店业餐饮服务流程中的浪费点，如何利用标准化作业提升服务的一致性等。这些实践案例不仅具有理论深度，更具备极强的实操性，能够为酒店管理者提供切实可行的解决方案。

在酒店管理的道路上，没有终点，只有持续地优化与提升。相信这本书将成为您开启酒店精益经营之旅的宝贵指南，帮助您在激烈的市场竞争中脱颖而出，打造出高效、卓越的客户服务。

张润钢

中国旅游协会副会长兼秘书长

序 二

在全球经济格局深刻变革的今天,服务业已成为推动社会经济发展的重要引擎。然而,如何在竞争激烈、客户需求日益多元化的市场中实现可持续发展,始终是服务行业面临的重大挑战。作为深耕精益管理领域30余年的研究者与实践者,我始终坚信:精益思想不仅是制造业的"黄金法则",更是服务业突破瓶颈、重塑价值的核心方法论。本书理论与实践深度融合、案例与工具并重,不仅填补了服务业精益管理研究的空白,更以清晰的逻辑脉络,完整地呈现了如何将制造业的精益生产理念与方法系统引入酒店服务业,构建出一套独特的"精益服务管理模式",为行业从业者提供了从理论到实践的操作指南。

精益管理的精髓在于"以客户价值为中心,以消除浪费为路径"。本书作者团队敏锐地捕捉到这一本质,并将其与酒店服务业的特性紧密结合。"从精益生产到精益服务"揭示了这一转型的核心逻辑:制造业的精益工具理论不能生搬硬套,而是通过本土化创新,转化为适应服务业特性的方法论。本书以泉城大酒店这一标杆案例为轴心,生动展现了这一转化过程——从制造业的5S管理夯实服务基础,到目视化和标准化提升服务效率;从持续改善机制激活组织活力,到数字化技术赋能服务升级,每一步都紧扣"价值创造"的核心逻辑。尤为值得一提的是,泉城大酒店面对现实挑战逆势突围，充分验证了精益服务模式的韧性与生命力。通过智能设备应用、流程优化与资源重组，泉城大酒店不仅化解了危机，更实现了服务品质与经济效益的双重跃升。这一案例为全球酒店业提供了宝贵的启示：精益服务不是简单的工具移植，而是基于行业特性重构的生存之道。

本书的独特价值在于其系统性思维与跨领域创新。作者并未止步于理论探讨，而是深入剖析了从"精益生产"到"精益服务"的底层逻辑。例如，书中提出的"精益服务体验模型"，正是基于服务业的"即时交付""情感交互"等特性，将制造业的价值流分析、防错机制等工具重构为六大层次的服务闭环。这一模型不仅解决了传统服务管理中"重结果、轻过程"的痛点，更通过"情感5S体验"设计，将冷冰冰的流程转化为有温度的服务。此外，针对商务客户和亲子客户的深度需求分析，揭示了精益服务的本质——并非一味追求"更多"，而是精准聚焦"更好"。这种以细分需求为导向的策略，正是服务业从粗放扩张转向精细运营的关键。

对于酒店管理者而言，本书是一部不可多得的实战手册。书中既提供了"精益小组经营制""价值流分析"等工具的操作指南，也通过大量图表与案例，直观呈现改善前后的对比效果。例如，客房清洁流程的标准化使清洁效率提升了30%，智能入住系统将平均等待时间缩短至1分钟，这些数据充分证明了精益变革的量化价值。同时，作者并未回避推行精益过程中的阻力与挑战，如组织僵化、员工惯性等问题，并给出了"前线授权""文化渗透"等解决方案。这种直面痛点的态度，彰显了本书的实践品格。

对于学术界，本书的贡献同样深远。它将精益理论从生产端延伸至服务端，提出了"服务浪费七大分类""价值服务双循环"等原创概念，为服务业管理研究开辟了新的视角。更难能可贵的是，书中融合了管理学、心理学、数字技术等多学科智慧，展现了跨领域方法论的交汇和创新。这种开放性与前瞻性，使得本书不仅适用于酒店行业，也为医疗、教育等广义服务业提供了借鉴范式。

当今世界正处于"体验经济"与"效率革命"并行的时代。酒店业作为服务业的缩影，既要满足客户对个性化、情感化服务的期待，又需在成本控制和资源约束中寻找平衡。本书正是这一时代命题的最佳答卷。它告诉我们：精益服务不是一场运动，而是一种持续进化的能力；不是一套僵化的规则，而是一种以客户为中心的思维方式。我相信，无论是酒店管理者、服务业研究者，还是追求卓越的实践者，都能从本书中获得启迪与力量。

本书对"从精益生产到精益服务"的体系化探索，不仅为酒店业提供了转型范本，更在全球服务业精益化进程中树立了标杆。

愿我们共同以精益之火，点燃服务业高质量发展的未来！

齐二石

天津大学教授、博士生导师

天津大学管理创新研究院名誉院长

序　三

2024年，中国GDP达到了134.91万亿元，全球排名第二，并且持续增长，其中的56.70%是由数以千万计的服务型企业贡献的。最近几年，外部环境对服务业越来越友好，无数服务型企业正在诞生、成长、向上攀登。

服务型企业到底应该怎样经营才能持续发展呢？我们要从优秀的企业身上寻找答案。

何为优秀？服务企业始终保持业绩良好，顺利地度过经济下行周期，甚至安然度过"黑天鹅"事件，很显然，这样的企业已经掌握了经营秘诀。

在这些优秀的服务型企业中，位于济南的泉城大酒店无疑是优秀代表之一。作为一家老资格的国有酒店，通常不可避免要背上历史的包袱，发展轨迹困难重重、步履维艰，在激烈的市场竞争中，常常处于被动的局面，甚至会逐渐退出历史舞台。而令人惊叹的是，这家老国企在上级单位的领导下，通过一群年轻且富有朝气的管理者的带动，走上了精益变革和管理创新之路，在经历了漫长且不为人知的努力后，他们终于完成了聚沙成塔的壮举，一跃成为同等级、同规模酒店中利润率最高、人均产值最高的酒店。

早在2012年，泉城大酒店与天津大学合作，开启了精益管理在酒店服务业的应用。从标准化、提案改善到精益小组经营制，以及后续的组织创新和数字化转型，泉城大酒店在不断探索自己的精益服务之路的同时，也给企业带来了盈利能力、顾客服务满意度的持续提升。

2012—2015年，泉城大酒店的营业收入维持在1亿元左右，由于受外部环境的影响，营业额甚至略有降低，但是在持续推动精益管理之后，2016年的净利润比2012年增长了45.9%，客房平均出租率高达90%，客户网络评分高达4.8分。同时，泉城大酒店三次获得"山东饭店金星奖"和"山东省服务名牌"称号。2015年，泉城大酒店被评为管理创新先进单位、山东创新智库服务基地；2016年，其被评为第四届山东省管理创新先进单位；2017年，其获得中国烹饪协会中餐科技进步奖一等奖。这些成果都证明了泉城大酒店精益服务体系探索的初步成功。在新冠疫情过后的经济新常态下，泉城大酒店在努力保持销售收入和持续深化精益改善的同时，将在地文化与酒店资源相结合，开展"泉水文化进酒店"系列活动，给顾客呈现全新的客房体验。同时，全方位宣传酒店特有的三位非遗传承人，将非遗美食在线上、线下平台传播，赢得了广大市民的一致认可，将"好的社会效益"转化为"好的经济效益"。

作为精益服务型企业的代表，泉城大酒店的精益变革之路是如何启航的？如何度过瓶颈期的？如何实现全面开花结果的？开启本书，将会给您带来答案。

周立刚、杨福东、刘超超、牛占文

前　言

现代服务业包含了我们吃穿住行用等各个方面，如交通运输业、批发业、零售业、住宿业、餐饮业、文化业、医疗业、体育业和娱乐业，以及金融房地产业、商务服务业、仓储物流业等。

服务业门类繁多，可以将其划分为三类，即生产性服务业、流通性服务业和消费性服务业。其中，生产性服务业是为工业生产过程提供保障服务的行业；流通性服务业是帮助商品从生产到消费的流转过程提供服务的行业；消费性服务业是直接为顾客提供服务的行业，包括以餐饮、超市、酒店为典型代表的"服务＋产品＋环境"类，这一类服务业最复杂，也最具代表性，是本书的研究重点。

服务业的精益化之路与制造业在很多方面是相似的，但服务业在准时化交付方面的要求远高于制造业，而制造业通常是以小时、天、周为时间单位进行交付的。然而，大多数服务需要在几分钟甚至一分钟内完成交付，如酒店客房的入住和退房、餐馆的点菜和上菜等。所以，服务业对精益管理有着更为迫切的需求。2012年前，服务业在一定程度上出现了虚假繁荣和过度消费，在国家出台中央八项规定之后，公款消费受到严格限制，很多服务行业一度出现了市场需求量价齐跌，出现了需求小于供给的局面，推动了服务业市场回归常态。服务业企业为了更好地生存和发展，必须努力提升服务品质和管理能力,越来越多的企业关注精益管理,于是精益服务得到了快速的推广和应用。

一、酒店精益管理的必要性

目前,部分酒店的服务水平较低,存在较多的内部管理问题。

(一)客户体验不好,存在黏性不足的问题

随着时代的变迁,许多酒店面临客源流失加剧的挑战,深入分析这一现象,可以发现这是多种因素共同作用的结果。首先,从酒店自身来看,许多建筑的布局和设计较为陈旧,并且风格单一,与新兴酒店相比,缺乏创新性和多样性,难以满足现代顾客的多样化需求。这种状况不仅限制了对忠诚客户的培养,也削弱了对潜在新客户的吸引力。其次,餐饮服务质量的滞后也是导致客源流失的重要原因。随着顾客对服务品质要求的提升,酒店在服务员的专业礼仪培训等方面投入不足,导致服务水平无法跟上市场需求的变化。根据在线平台的用户反馈数据,约有20%的顾客在入住后对酒店的设施或服务给出了中性或负面的评价。这些不足显著影响了顾客的整体入住体验,降低了他们的满意度,最终促使他们选择其他酒店。

(二)存在流程烦琐、布局紊乱的问题

许多酒店内部没有明确的服务作业标准,员工大多在凭个人感觉或是个人好恶做事,同时,现场物品摆放的不规范也增加了员工的作业难度。例如,酒店前台或清洁部门的工作工具和物品的摆放混乱,物品标识也不清楚,大大增加了员工作业的差错率,这在无形中增加了顾客办理入住和退房的时间,降低了客户体验。除此之外,酒店在流程上存在一些多余作业,即"浪费"现象。例如,员工在进行做房业务时,存在大量的重复操作;在为团队办理入住、退房手续时,往往由于取房卡、收取证件等烦琐处理流程,增加了客人的等待时间;等等。

（三）组织缺乏活力

调研显示，酒店在组织架构和运营活力方面面临显著挑战。由于人员流动率偏低，导致员工队伍趋于老化、创新意识不足，这些现象严重制约了企业的多元化战略实施，进而削弱了市场竞争力。同时，较低的人员流动性也造成了组织管理机制的僵化，表现为岗位职责分配不合理、人力资源配置效率低下等问题。具体而言，这种状况导致了"岗位虚设与人力短缺并存、职能交叉与责任推诿同在"的管理困境，严重影响了酒店的整体运营效率。

（四）酒店缺乏明确的管理制度

许多酒店忽视了对员工积极性的激发，缺少对其行为的激励。一些酒店，无论员工是干得好还是干得差都拿一样的工资，造成员工服务态度懈怠，导致员工工作的主动性较差，不利于企业的经营管理，也不能适应现代酒店业市场的发展需求。

二、酒店精益管理的标杆

泉城大酒店是山东文旅酒店管理集团有限公司所属的国有企业，已经有40年的经营历史，酒店占地21亩，地上建筑面积为5万余平方米。酒店始建于1973年，1980年南楼先开业，1983年全面开业，1994年改建为三星级涉外酒店，曾连续9年接待省人大、政协会议和全国性商品交易会，取得了较好的经济效益和社会效益。

2003年年初，泉城大酒店开始学习新的经营管理模式，以顾客为中心进行管理模式创新。经过全体员工的共同努力，酒店经营管理得到了突破性的提升，并于2005年9月荣获"四星级旅游饭店"称号。随后，泉城大酒店步入了快速发展时期，营业收入也由2003年的1876万元跃升至2012年的11715万元，增长了近6倍。同期，伴随着国家宏观经济政策的调整和旅游政策的放开，国内外许多投资者开始争相进入酒店业市场，使得酒店业竞争骤然加剧，泉城大酒店营业收入增速放缓。

2012年12月，中央政治局会议上提出八项规定，倡导"简朴之风、厉行勤俭节约、反对铺张浪费"，企事业单位、政府部门的公款消费、高消费受到严格限制，在一定程度上改变了酒店服务业的经营大环境。星级酒店经营业绩开始下降，泉城大酒店也深受影响，营业收入进一步由缓增下降为缩减，经营上面临着很大的挑战。

在困难面前，泉城大酒店主动求变，然而面对诸多的管理模式和理论，泉城人却"乱花渐欲迷人眼"，抉择难定，只能反复探索。

2012年，泉城大酒店领导班子跟随天津大学的访日研修团一起到日本名古屋丰田工厂考察。在考察过程中，泉城人对于丰田的经营模式倍感震惊，这种命名为"精益管理"的模式以经营本质——客户价值为核心，以持续消灭浪费为手段，与他们的思考不谋而合。管理团队反复讨论是否可以将精益管理思想运用到酒店行业，最终大家下定决心，要形成酒店业的精益管理模式，要通过酒店管理的精益化，找到企业的利润源，实现企业的长期生存。自此，泉城大酒店和精益管理结下了不解之缘。

精益管理是什么？今天它已经成为全球范围内公认有效的企业管理方法，其有效性被反复验证，毋庸置疑。在七十多年前，丰田汽车为了保证企业的永续发展，进行了一系列先进管理模式的探索和实践，这种经营模式以最大限度地使顾客满意为目标，以持续改善为基础，通过提供低成本、高质量的产品和服务，实现企业良性的持续经营。这种模式后来被称为精益管理。精益管理模式的应用帮助日本的汽车工业赶超了美国。此后，众多制造企业、服务企业在全球范围内对精益管理模式进行研究和应用，促进了精益管理理论在全球范围内的推广。

泉城大酒店开国内酒店业之先河，于2012年与天津大学合作，连续多年推动精益管理在企业内的扎根落地，将源于工业制造业的精益管理经验成功引入服务行业，这是一个重大的管理创新。在推行持续改善和价值服务的基础上，泉城大酒店以精益思想为中心，构建了"标准化作业""价值流改进""精益小组经营制"的三合一管理模式，让一个具有历史印记的老国有企业在新常态下焕发出生机和活力。

2019年12月，史上最大的"黑天鹅"事件爆发，新冠疫情意外降临，全球旅游业和酒店业的营业额都出现了断崖式下降，泉城大酒店也经历了至暗时刻。新冠疫情暴发后，客流中断、客房空置、人员闲置、酒店外租区域减免房租等因素导致泉城大酒店的现金流几乎中断，企业全靠多年来的积蓄苦苦支撑。

面对困难，泉城大酒店坚持以精益思想推进酒店的持续改进。首先，泉城大酒店升级了酒店的现场卫生管理规范，结合防疫卫生要求，形成了升级版的公共区域、厨房及客房清洁消毒要求和标准作业。其次，泉城大酒店加快了精益数字化建设的步伐：一方面，应用智能技术进行服务流程和服务界面优化。例如，配置迎宾机器人、自助入住和退房机器人、送物机器人、咨询机器人等智能设备，推进无人接线员、无人化前台、无人化大堂的实现。另一方面，深入挖掘疫情下消费者的服务价值需求，通过完善自身展示信息、广告投放和优质点评等，在网络平台上提高曝光度，提升客户触达率和流量转化率。最后，泉城大酒店深入挖掘和消除资源配置的浪费。例如，通过调整运营策略，将闲置客房设置成中短租房或中长租房，上架租房平台（如贝壳、安居客等）等。

新冠疫情过后，得益于持续多年推行精益管理打造形成的核心竞争力，泉城大酒店迅速恢复了经营活力，率先进入了常态化经营并开始盈利。一次又一次的危机事件反复证明，精益管理同样可以让酒店服务业历久弥新、渡过难关、与时俱进。

周立刚、杨福东、刘超超、牛占文

目录

第一章　精益服务与酒店管理······001
    第一节　精益服务的概念······002
    第二节　精益服务的原点：客户体验······003
    第三节　泉城大酒店精益服务客户需求分析······008

第二章　酒店服务业的5S管理······015
    第一节　酒店精益管理的基础——5S······015
    第二节　5S实施前的准备工作······020
    第三节　5S从整理和整顿做起······026

第三章　酒店目视化和标准化管理······052
    第一节　酒店目视化管理······053
    第二节　酒店标准化管理······058

第四章　酒店服务业的持续改善······067
    第一节　持续改善的概念及方法······067
    第二节　持续改善的实施方案······072
    第三节　持续改善的案例分享······077

第五章　持续改善的本质：价值服务······090
    第一节　价值服务的内涵······090
    第二节　价值服务的案例······095

第六章　酒店精益服务流程·······098

第一节　酒店精益化流程·······098
第二节　服务流程精益化的方法·······104
第三节　泉城大酒店流程改善实践·······108

第七章　酒店精益化经营·······110

第一节　精益小组经营制的构建·······110
第二节　精益小组经营制的运行·······115
第三节　精益小组经营制的定价策略·······118

第八章　酒店数字化精益服务·······124

第一节　酒店数字化应用·······124
第二节　泉城大酒店数字化转型实践·······129
第三节　泉城大酒店数字化精益转型历程·······133

后　记·······136

参考文献·······139

第一章　精益服务与酒店管理

　　精益管理诞生于生产制造行业，早期称为精益生产，经过30年在众多行业的推广和应用，已经升级为精益管理。随着服务业的蓬勃兴起，作为社会生活中最庞大的企业群体，服务企业也在积极探索如何应用精益管理提高企业的竞争力。经过多年的实践，酒店服务业的精益管理已经逐步形成了相应的管理模式，我们称为精益服务。

　　精益服务是一种管理模式，注重内部自我完善，聚焦于内功提升，是服务业发展的新引擎。精益服务是一个系统工程，通过调动全体员工的聪明才智和不懈努力，提品质、提效率、降库存、降成本，进而提升客户满意度和黏性，降低企业运营和管理成本，实现可持续的健康发展。

第一节　精益服务的概念

服务业是通过提供服务换取满意和价值的活动，在此基础上，精益服务就是一种追求服务流程最优化、顾客满意度最大化的管理方法。其核心在于通过消除浪费、提高效率，以最少的资源投入，实现服务质量和客户满意度的最大化。

精益服务的本质是什么？持续改善和创新。它要求企业以顾客需求为导向，在员工的参与下，通过团队协作和跨部门沟通，共同推动服务的不断优化。精益服务的最终价值，体现在企业运营成本的降低和盈利能力的提升上，从而增强企业在市场中的竞争力，以提升企业的品牌形象。

在精益服务的实践中，浪费被定义为任何不能为顾客创造价值或增加满意度的活动。这些浪费可以归纳为以下七类。

一、等待的浪费

在服务流程中，客户或员工经常需要等待某个服务环节的完成，由于等待时间没有创造价值，因此造成了浪费。

二、过度加工的浪费

提供超过客户需求的服务或者服务过于复杂，导致资源的浪费。

三、搬运的浪费

在服务流程中，不必要的人员或物品移动，如员工频繁地来回走动或传递信息，这降低了工作效率。

四、库存的浪费

在服务业中，库存包括未充分利用的员工时间、未使用的服务能力或未售出的服务产品等。

五、动作的浪费

员工执行不必要的动作或操作，如寻找工具、填写不必要的表格等，这些动作或操作并不直接为客户创造价值。

六、不良服务的浪费

由于服务质量不达标或出错导致的客户不满和返工，这会增加服务成本并损害客户关系。

七、过度管理的浪费

过多的管理层次、烦琐的决策流程和不必要的会议等都会造成时间和资源的浪费。

精益服务的主要任务就是消灭上述浪费，让增值活动比例提高。

第二节　精益服务的原点：客户体验

精益服务的原点是客户体验。所谓客户体验是指客户在接受服务时建立的一种整体的、主观的心理感受，具有直观的、独特的，以及带有自我情感评价的特点。客户体验是主观的，来自情感、认知、行为等多个方面的映射。良好的客户体验能够增强客户的忠诚度和黏性，促进口碑传播，进而带动企业的业务增长；反之，糟糕的客户体验则会导致客户流失，损害企业形象。

酒店服务业为提高客户体验，往往会建立精益客户体验模型。精益客户体验模型，简而言之，就是将精益管理的思想和方法应用于客户体验的提升中。该模型强调以客户为中心，通过对服务流程的精细化管理和持续改进，确保客户在酒店期间享受到高品质的服务体验。

一、精益服务体验模型结构说明

精益服务体验模型如图1-1所示，包含以下六个层次：客户价值定义层、客户旅程映射层、精益执行与优化层、数据反馈驱动层、员工赋能与协作层、持续改进循环层。

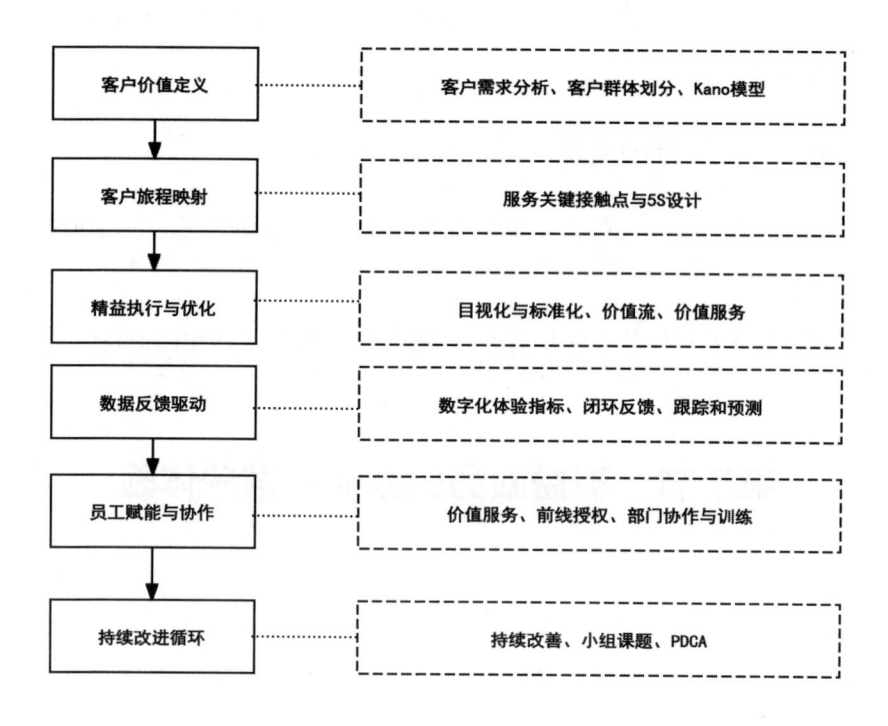

客户价值定义	客户需求分析、客户群体划分、Kano模型
客户旅程映射	服务关键接触点与5S设计
精益执行与优化	目视化与标准化、价值流、价值服务
数据反馈驱动	数字化体验指标、闭环反馈、跟踪和预测
员工赋能与协作	价值服务、前线授权、部门协作与训练
持续改进循环	持续改善、小组课题、PDCA

图1-1 精益服务体验模型

（一）客户价值定义层

客户价值定义层的目标是明确客户的核心需求与隐性期望，按需求、行为或场景对客户进行细分，按客户群体划分，如商务顾客、亲子顾客等。以客户价值为中心，服务企业可以进一步提炼客户真正需要的服务，如快速响应、细节关怀等。同时，利用Kano模型，区分出基本需求、期望需求和魅力需求，如酒店的基本需求是干净的房间，魅力需求是个性化的服务。

（二）客户旅程映射层

客户旅程映射层是指从接触客户到服务结束的全流程。可将其划分为认知阶段、交互阶段和售后阶段。认知阶段，包括广告送达、口碑传播等；交互阶段，包括预约、服务交付、支付等；售后阶段，包括反馈、投诉处理、复购激励等。旅程映射的关键有两点：首先是触点识别，即标注客户与服务的关键接触点，比如餐厅、前台、客房等；其次是情感5S体验，即识别客户在旅程中与触点互动的体验，以及通过5S设计带来的体验变化，减少"痛点"，如长时间等待等，增加"愉悦"，如整洁的现场等。总之，优化服务环境，实现服务高质量。

（三）精益执行与优化层

精益优化工具是指服务型企业运用精益工具消除浪费，提升体验，实现标准化服务。服务型企业的精益工具包括以下几种。

价值流分析（VSM）：可以区分增值与非增值步骤，如一站式审核入住避免重复填表。

拉动式管理：根据需求时间来触发服务资源，比如根据客户时间来匹配网约车司机的到达时间。

防错机制：通过程序设计预防客户误操作，如在线表单自动校验格式错误。

目视化与标准化：通过对浪费的消除，设计出最优的服务方案，并将具体执行动作进行分解，做成可重复执行的标准。为了便于监督，要进行可目视化的设计。

（四）数据反馈驱动层

数据反馈驱动层是指通过实时监测来评价服务体验水平，并根据反馈问题快速响应和快速纠偏。数据反馈驱动层包括以下几个部分。

首先，构建体验指标体系。企业要建立评价的定量指标，如净推荐值、客户评分、首次解决率等，也要抓住定性数据，如客户投诉中的高频关键词等。

其次，形成闭环反馈机制。企业内部要建立即时反馈渠道，如服务结束后的短信或网站评价，同时，针对反馈问题建立根因分析机制，如用"5Why法"追溯投诉原因等。

最后，运用数字化工具进行跟踪和预测。对客户行为的追踪，主要结合App的点击热力图；对客户行为的预测，主要运用AI技术对历史数据进行服务瓶颈的精准预测。

（五）员工赋能与协作层

员工赋能与协作层主要指通过给一线员工授权和赋能，完成对客户的增值服务，实现顾客的体验优化。这个阶段目的是提供增值服务，实现增值服务主要依赖以下三点。首先是前线授权，要赋予员工现场决策权，比如酒店前台可自主补偿不满意的客户。其次是强化跨职能协作，打破部门墙，强化客服团队与产品团队共同解决问题，形成解决方案。最后要围绕技能培训进行能力建设，尤其是强化精益技能，将基础精益方法（如"A3报告"）进行全员普及。

（六）持续改进循环层

持续改进循环层是指要建立动态优化的长效机制，该机制旨在推动整个组织持续自主发现问题和自我优化。首先，要建立持续改善文化，奖励客户体验创新提案，对员工提出的简化或优化流程方案进行积分奖励。其次，要倡导小组改善课题活动，即每个小组结合客户体验，讨论工作中存在的顽疾,并立项解决。最后,每个问题都要建立PDCA循环,P即规划改进方案,D即小范围试点,C即评估效果,A即标准化推广。

二、精益服务体验模型的重要意义

精益服务体验模型在酒店服务业中的应用具有重要意义。通过构建体验模型,酒店不仅能显著提升服务满意度,更能有效控制浪费现象,降低运营成本,实现多方共赢。

从模型中可以看出,客户体验是相对值。它是酒店所提供服务的可感知的结果与客户的期望值相互比较的结果。当客户的服务体验高于服务期望时,往往获得比较高的满意度;反之,客户满意度则较低。

影响客户体验的因素都是围绕旅程的映射展开的,映射要用5S体现,这是5S的根本目的。为了能够了解旅程映射的结果,需要持续修正5S要求,通常酒店需要通过问卷调查、访谈、聘请专家调查、客户投诉、线上舆情调查等多种形式,对客户旅程进行数字化研究,以了解客户群的审美需求,发现客户的新期望,寻找新的突破口。

三、精益服务体验模型的应用要点

在客户价值定义和旅程映射阶段,最重要的是精准。服务型企业的客户需求大多来自调查和共情。因此,通过市场调研、客户访谈等手段,能够准确把握客户的期望与痛点,从而为服务设计提供有力的依据。

在精益执行与优化阶段,最重要的是效率。基于客户需求,服务型企业需要对服务流程进行梳理与优化,消除不必要的环节和动作,以最快的速度和最短的周期提供服务,持续不断地致力于提升服务效率。同时,注重服务过程中的目视化与标准化,确保服务品质的稳定性与一致性。

在数据反馈驱动阶段,最重要的是数字化建设。许多服务型企业也建立了客户体验监测机制,但是没有将此工作当作重点,资源投入不充分,检测工作不深入，因而无法了解真实情况。服务型企业的检测机构要定期收集并分析客户反馈，及时发现服务中存在的问题与不足，并采取有效措施进行改进。

在员工赋能与协作和持续改进循环阶段，要强化客户参与感，即价值服务。企业要鼓励客户参与服务设计与改进过程，通过互动与反馈，增强客户的归属感和满意度。这不仅有助于提升服务质量，还能为企业带来宝贵的市场洞察。

第三节　泉城大酒店精益服务客户需求分析

泉城大酒店的客户群主要包括以下几类：第一类是商务客户，占比50%；第二类是亲子客户，占比20%；第三类是散客，占比18%；第四类是直销会员，占比10%；第五类是旅游团队，占比2%。泉城大酒店客户占比，如图1-2所示。

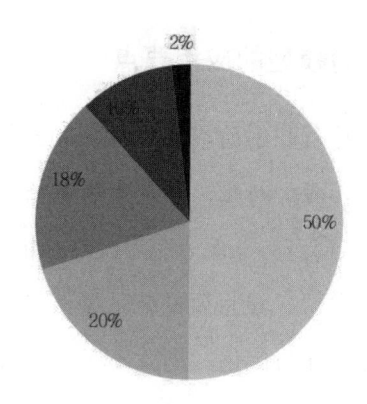

图1-2　泉城大酒店客户占比

每种类型的客户既有相同的基本需求，同时又延伸出各自不同的舒适需求和体验需求。下面我们以占比较高的商务客户、亲子客户为例，做详细分析，其他类型的客户不再赘述。

一、商务客户的消费需求分析

（一）商务客户的年龄特征

根据我们的数据调研，商务客户群体主要以"80后"和"90后"为主，其中"80后"男性最多，超过40%。这一群体展现出强烈的独立性，偏好自主决策，并且个性鲜明。他们对住宿环境有着独特的偏好，倾向于选择稳重而不失典雅的客房布置，并高度欣赏个性化的服务体验以及量身定制的服务方案。此外，他们非常重视在服务过程中得到的尊重。然而，值得注意的是，这些客户的情绪可能会随着业务进展的起伏而波动，这对酒店制定统一且贴心的服务标准构成了一定的挑战。与此同时，泉城大酒店的女性商务客户在住宿体验上展现出更为挑剔的一面，她们对环境的安全性和舒适度有着更高的期望。

（二）商务客户的个体素质

泉城大酒店的商务客户群体普遍具备较高的教育背景和文化素养，他们的个人修养也较高。这些特质使得他们在选择酒店时，能够敏锐地识别出酒店的档次和服务水平。为了降低因信息不对称带来的风险，这些商务客户在选择住宿时，往往会基于过去的经验、朋友的推荐，或是直接倾向于选择那些具有良好口碑和知名度的品牌酒店，如泉城大酒店，以确保获得稳定且优质的服务体验。泉城大酒店凭借其卓越的品牌声誉、精准的市场定位，以及强大的服务能力，成功吸引了大量高素质的商务客户，满足了他们对于高品质住宿体验的需求。

（三）商务客户的商业活动

据相关统计数据，商务客户每月平均出行4.4次，月出差次数远远高于其他类型的客户。他们入住酒店的高峰集中在17:00—18:00和21:00—22:00，离开酒店的高峰集中在8:00—9:00。其中70%的人会选择入住市中心或者交通枢纽附近的酒店。

泉城大酒店位于济南市商业金融中心的泉城广场东侧，距恒隆广场、世贸广场、银座商城、泉城广场咫尺之遥，与黑虎泉、千佛山、趵突泉、大明湖等风景名胜毗邻。这也是其商务客户占比较高的一个重要原因。

鉴于商业活动的紧迫性与高效性要求，酒店服务需紧密贴合时效性，并致力于提供卓越体验。例如，通过设立专为商务客户服务而打造的专属楼层，不仅简化了入住流程，也实现了快速便捷的服务响应。此外，要紧跟时代步伐，引入智慧客房系统，不仅要在设计上注重私密性和舒适度，更要通过智能化技术，如语音控制、自助服务终端等，为商务客户营造一个既便捷又安全的住宿环境，全方位满足他们对于高效、私密及高品质住宿体验的追求。

（四）商务客户的消费习惯

商务客户的住宿开销通常由其所属的企业负担，这一经济特性在很大程度上决定了他们在挑选酒店时的品位与偏好。企业在安排商务出行时，为了树立积极的品牌形象，往往偏好预订那些享有盛誉的高端酒店，因为这类选择能有效提升外界对企业的正面评价，进而有利于商务合作的顺利进行。酒店业需敏锐洞察并精准契合商务客户的实际需求，通过不断优化住宿体验、拓展服务范围来提高客户的满意度，并积极培养长期的客户忠诚度。只有当商务客户将某家酒店视为出差的首选乃至不可或缺的伙伴时，这家酒店才算真正锁定了这位稳定的忠实客户。

（五）商务客户的需求特征

酒店商务客人的需求模式与马斯洛需求层次理论高度契合，具体表现在以下几个方面。

生理需求层面：要求酒店提供必要的餐饮服务和舒适的住宿环境，确保客人得到充分的休息与调整。

安全需求层面：商务客户期望酒店能有效防范各类安全风险，涵盖人身安全保障、个人信息保密和财产保护，为他们营造一个安全的住宿环境。

社会交往需求层面：酒店已成为商务人士进行重要社交活动的场所，无论是会见合作伙伴、举办商务会议，还是进行团队建设活动，酒店都需要提供相应的设施和服务以促进交流。

尊重需求层面：商务客户渴望得到酒店员工的尊重，同时也希望通过酒店提供的优质服务，在商务活动中赢得他人的尊重与认可。

自我需求层面：商务客户往往追求更高层次的用户体验，他们期待酒店能提供定制化、个性化的服务方案，不仅满足其基本需求，更能体现个人品位与追求，实现精神上的满足与自我价值的提升。

对于商务客户而言，只有酒店提供的有形服务和无形服务满足了其全方位的需求，才能实现最大化的满意。商务客人需求清单如表1-1所示。

表1-1 酒店服务满足商务客人需求清单

有形的服务		无形的服务	
项目	服务内容	项目	服务内容
服务于客人身体	住宿、餐饮、健身等	服务于客人形象	酒店品牌建设、形象建设和口碑建设
服务于客人财产	干洗、晾衣、修补、保险箱等	为客人提供信息	迅速准确的网络服务、金融服务、咨询服务，个性化服务，智慧客房等
服务于社交及商务洽谈	会议、俱乐部、地理位置、交通便利等	增值服务	提供个性化的服务等

在服务商务客户时，服务人员要充分展现对客户的尊重。在涉及招待类型的商务关系时，既要通过热情服务代替主人表达欢迎之情，也要照顾顾客的自我定位。商务客户对于服务的要求包含三个方面的内容：一是获得周到的服务。在服务过程中客人得到服务员礼貌的回应和快速的接待。二是获得稳定的服务。商务客户在酒店的任何时段，都能获得稳定且一致

的服务。三是获得额外的认知和认可。商务客户愿意被认知、被了解,当服务员能称呼其姓名、官衔、职位时,商务客户肯定会心情愉悦。如果服务员能记住并尊重他的生活偏好,如民族风俗、地域习惯、宗教信仰时,客户会感受到重视和无微不至的关注,并获得精神上的满足。

可见,商务客户具有明显的社会性和多元性特征,他们对于酒店服务的得体举止、亲切语言、贴心服务等都有较高的要求。一旦他们的物质需求和精神需求得到满足,就会形成较好的消费体验,进而变成酒店的忠实客户群体。

二、亲子客户的消费需求分析

(一)亲子客户的特征

在经济高速发展的时代,随着家庭财富的不断积累,新一代父母更愿意给子女创造外出的机会,以及提供良好的出行体验。不同于享乐型消费,其本质是社会的富裕助推了亲子游市场的火热。一般来说,在亲子出行场景中,存在带大童出行和带幼儿出行两种类别。其中,带大童出行通常为两代人同行,带婴幼儿出行通常为三代人同行。

(二)亲子客户的消费决策特点

亲子客户在选择酒店时,其决策非常谨慎。在充分考虑环境、条件、口碑等多种因素之后,才会进行酒店预订。亲子客户在预订酒店时普遍关注地理位置、用户评价和服务质量,对酒店的价格不敏感。

(三)亲子客户的心理需求

针对(0~3岁)婴幼儿家庭:酒店需要特别关注安全、卫生和环境质量等核心要素。这类家庭在出行时,往往需要酒店提供完善的配套设施,以减轻照顾婴幼儿的负担。

针对学龄前儿童家庭(4~6岁):酒店应当着重打造富有探索性的空间环境,设置兼具娱乐性和教育性的功能区域。在设施规划上,必须严格执行安全标准,确保家长与儿童之间的有效互动与沟通。建议设计互动性强的亲子游戏项目,让家长全程参与,这种陪伴式体验能显著提升客户的满意度。

针对学龄期儿童(6~12岁):他们是酒店的重要服务对象,他们期望酒店推出的亲子产品具有教育和娱乐功能。比如,设置运动与休闲兼具的活动区域,并在亲子互动环节中巧妙地融入知识学习元素,使孩子在享受亲子时光的同时获得新的知识,从而加深孩子与父母间的情感,共同创造宝贵且难忘的记忆。

(四)针对亲子客户的酒店产品

针对亲子客户的特性进行深入分析后,精益型酒店在策划亲子产品时,应对环境的营造、活动项目的规划以及设施设备的配置采取更为详尽的考量标准。

例如,酒店根据亲子客户的实际需求,对酒店的各项设施进行了家庭友好型的改造。在餐饮方面,不仅推出了专为儿童设计的趣味菜单,还在自助餐区域设置了儿童专区,配备了专属的儿童餐具和座椅。客房服务方面,酒店提供了婴儿床及儿童床的租赁选项。在休闲娱乐方面,酒店针对不同年龄段的儿童,精心打造了多样化的娱乐设施,包括室内游乐园、户外运动场等,旨在让每个家庭成员都能享受到愉快的亲子时光。在材料选用和活动设计的安全性方面,对所有亲子活动项目进行了严格的复审。玩具均选用环保的塑胶材质,幼儿读物则倾向于耐用的布书,运动设施的边缘均采用了圆角软包设计,全方位确保儿童的安全。此外,酒店以"主题+体验"的形式,设计了送餐机器人、亲子游等项目,增加儿童住宿期间的趣味性和体验性,抓住儿童好奇心强的特点,设计多变的亲子产品,增强客户黏性。

综上所述,通过对商务客户和亲子客户的分析,精益型酒店应在安全卫生、高性价比的硬件设施上持续改进,在满足客户基本的住宿、餐饮需求的基础上，提供专业且高效的个性化创新服务，最大限度地满足客户的精神需求。

第二章　酒店服务业的5S管理

第一节　酒店精益管理的基础——5S

随着服务业的蓬勃发展，作为精益管理基石的5S活动逐渐在服务业管理领域崭露头角。将制造业的5S理念应用于服务业，是否切实可行？其对服务业的效率与品质提升是否具有实效？具体应如何有效实施？这一系列问题亟待我们在实践中探索并给出明确答案。

一、5S的起源与发展

5S管理起源于日本，旨在对生产现场中的材料、机器、人员、方法等生产要素进行高效管理。这一管理模式在日本民间已流传200年之久，成为日本企业独具特色的管理方法。

1955年，日本提出了5S的宣传口号"安全始于整理，终于整理整顿"。当时仅推行了前两个S，主要针对"物"进行安全合理的放置。随着生产和品质控制的需要，又提出了3S——清扫、清洁、修养，使得适用范围和使用空间又得到了进一步的拓展。1986年，日本关于5S的著作逐渐问世，对现场管理模式进行了系统性的总结，形成了完整的5S理论体系，并迅速被各行业所应用，成了公认的最简单、最基本、最重要、最见效的现场管理方法。

日本企业以5S活动为基石，坚持优化制造流程，使其产品品质得到了迅速提升，奠定了其经济大国的地位。当前，5S在许多方面发挥着日益显著的作用，如塑造极佳的企业形象、实现高度安全的作业环境、创造良好的工作现场等。

今天，在全世界范围内，5S管理受到了高度重视并得到广泛开展。比如，有些地区将5S管理转化为"常组织、常整顿、常清洁、常规范、常自律"的"五常法"；有些企业结合自身发展的需要，在原5S的基础上增加节约（Save）或安全（Safety）这两个要素，形成"6S"或"7S"；有的企业在此基础上增加了习惯化（Shiukanka）、服务（Service）、坚持（Shikoku），形成"10S"。但是，万变不离其宗，无论是"6S""7S"还是"10S"，都是"5S"的延伸和拓展。

针对服务业的特点，5S管理理论又衍生出了一种新的"服务5S"模式，作为传统5S的有益补充，即微笑（Smile）、快速（Speed）、真诚（Sincere）、标准化（Standardize）、满意（Satisfy）。可见，5S不仅在优化现场环境方面发挥重要作用，更将关注点深入服务客户的细微之处，从而改变员工的工作方式和思维模式。这标志着5S活动已从单纯的现场管理方法，逐步转向对服务成果的追求。

同时，我们观察到，一些政府和公益部门正积极应用5S工具，旨在提升办公环境的整洁度，从而确保服务更加高效、客户办事更加便捷、工作流程更加顺畅；医疗行业，目前也正在尝试引入5S，以期减少医疗事故、高效利用医疗资源、降低医药用品库存等。此类案例不胜枚举，充分展现了5S旺盛的生命力。

二、5S的基本含义

5S是精益管理的基石，没有5S，精益管理便无从谈起。

5S包括整理（Seiri）、整顿（Seiton）、清扫（Seiso）、清洁（Seiketsu）、素养（Shitsuke）五个方面，由于它们的日语拼音均以"S"开头，所以简称为5S。5S聚焦于现场的"物品"和"人员"，构成了一套改善的逻辑框架，同时它也是一个基础管理的循环。它的循环顺序相对固定，由浅入深，循序渐进，最终目的是养成良好的工作习惯和严谨的工作作风。5S的具体内容，如表2-1所示。

表2-1　5S具体内容

中文	日文	含义	目的	典型例子
整理	Seiri	将物品区分为必要的和不必要的	释放空间，规避误用，打造整洁、高效的工作环境	将垃圾清理干净，并将长期不用的物品妥善存放至仓库
整顿	Seiton	对整理之后留在现场的必要物品分门别类放置，并定位标示	工作环境井然有序，减少物品积压，有效缩短物品搜寻时间	30秒内就可以找到要找的东西
清扫	Seiso	把工作场所的各个角落都打扫干净	保持工作场所的干净，稳定品质	谁使用，谁清洁
清洁	Seiketsu	改善脏污发生源、问题源，并将前面的内容制度化、规范化	维持前面的成果	管理的公开化、透明化
素养	Shitsuke	通过培训、活动、监督等工作，让大家养成按照标准作业的习惯	养成良好的工作习惯	严格遵守作业标准，具备团队协作精神

三、酒店服务业推行5S的效果

酒店服务业的核心是客户满意度，而影响客户满意度最为关键的因素则是服务水平。在服务水平中，服务细节的影响力尤为显著，甚至可以说，细节的精雕细琢方能最大化地传递价值。实施5S就是为了在基础层面上形成管理规范，构建企业最基本的执行力，养成"小事做精"的职场风气。

酒店服务业的5S改变着企业的风貌，也在润物细无声地改变企业的文化。我们对照传统制造业，将酒店服务业的5S效果总结如下。

（一）提升酒店的品牌形象

整齐、清洁的酒店环境是最容易吸引顾客，形成客户深刻认同，并愿意重复消费的要素。每一个顾客都是"颜控"，都是通过外观来透视本质的，如果现场5S给予客户信心，客户就非常容易成为酒店的粉丝，愿意成为酒店的宣传员。

（二）提高酒店的工作效率

良好的工作氛围和工作环境，能够让员工更专注于工作。由于物品摆放整齐有序、不用寻找，因此员工可以实现高效工作。随着工作价值感的提升，自然而然会凝聚出一支忠诚的员工队伍。

（三）改善物资的在库周转率

5S管理对物资管理强调三定三要素，即定点、定容、定量，通过对摆放方式的改善，实现有效保管和科学布局，只在必要的时刻取用所需物品，从而实现最低库存量管理。同时，物品的流通快捷，还提高了物品的在库周转率。

（四）减少服务事故，保障服务品质

5S管理要求我们从客户视角出发，深入思考问题，持续优化细节，通过精细化的工作流程和高效的沟通机制，确保卓越的服务品质。对于酒店

的硬件设施，则通过定期的清扫和细致的点检，确保设施完好无损、设备随时待命，有效预防设备故障，保持服务的高品质。

（五）保障酒店的安全管理

5S管理要求物品归位、设施完好、工作专注，同时强调工作场所宽敞明亮、通道畅通，确保场所内的工作井然有序。这种管理方式不仅形成了物的安全状态，还规范了人的安全行为，从根本上减少了各类安全隐患，有效降低了工作中的意外事件发生率，进而为彻底消除安全事故提供了坚实保障。

（六）降低酒店的运营成本

通过实施5S管理，服务效率提高了，故障率降低了，客户投诉减少了，这些改变最终体现在酒店的服务成本上。一方面，降低了人员成本、维修成本、服务成本；另一方面，客户满意度的提高，带来了更多的客流，进一步降低了固定成本的分摊。因此，5S管理的实施，能够有效降低酒店的运营成本。

（七）改善精神面貌，提升组织活力

借助5S活动的开展，员工在精益求精的工作过程中，不仅找到了自身的尊严和成就感，还持续提升了职业素养。同时，通过积极参与5S的各项活动，更为企业注入了勃勃生机。

（八）缩短服务周期，实现客户满意

5S管理是一个持续改进的过程，最终目标是提高客户满意度。在酒店行业中，服务速度是影响客户满意度的关键因素之一。通过开展5S活动，我们对影响服务速度的各项细节进行了系统化、标准化处理，有效减少了各类干扰因素，显著提高了服务速度，从而确保客户获得满意的体验。

从以上述论述中，我们不难发现，5S作为酒店服务业精益管理的重要基石，是一种简便易行的改进工具。它展现出卓越的适应性，能够全方位增强企业的综合实力。尤为关键的是，它将引领企业步入精益管理的新阶段。

第二节　5S实施前的准备工作

5S管理的实施能够显著提升企业各方面的绩效，包括营造优美的场所、保持清洁的环境、执行严格的标准以及打造令人愉悦的服务过程等。然而，许多企业在推行5S现场管理时，往往出现"虎头蛇尾"甚至"不了了之"的现象，最终导致失败。鉴于此，我们在实施5S现场管理之前，必须对5S现场管理有一个全面且深入的理解，并做好充分的前期准备工作。

一、5S管理的准备工作

凡事预则立，推行5S管理的前期准备非常重要，通常包括以下内容。

（一）宣传

宣传是推进5S管理的关键抓手，也是企业统一思想的有力武器。通过多种途径的广泛宣传，员工能够深刻理解5S管理对其个人及公司所带来的积极影响，并自觉主动地付诸实践。这种自发的行为与强迫员工执行相比，效果有着天壤之别。

宣传内容涵盖5S管理的目标与内涵、5S管理的具体实施步骤与方法、5S管理的评估方法。5S管理的宣传形式应力求多样化，注入愉悦元素，并紧跟时代步伐。目前，可供大家选择的宣传方式如下。

1. 推行手册

5S管理推行手册是在公司内部宣传并深入学习5S细节知识的有效工具。5S管理推行手册的内容包括5S管理的内涵、目的、意义、推行步骤、检查制度等关键要素。通过基层班组对5S管理推行手册的系统学习，旨在达成全员对5S的共识,并统一5S的实施步伐。

2. 宣传看板

利用宣传栏传播5S管理的理念与宗旨,无疑是一种高效且至关重要的宣传手段。大家不难发现,尽管企业的数字化水平不断提升,宣传栏的作用却始终如一,堪称最贴近员工的媒体平台。在宣传栏中,持续更新5S现场管理基础知识、5S管理推行计划、5S管理推进小组组织架构、5S现场评比及5S管理推进亮点等内容,能够营造浓厚的推进氛围,进而使员工深刻理解5S管理的目标,并积极支持这项工作。

3. 宣传标语

宣传标语在营造氛围方面起着至关重要的作用。企业应充分利用内部空间,张贴简洁易懂、朗朗上口的5S宣传标语,使员工在潜移默化中提升对5S的认知,进而提升全员5S素养。

4. 全员活动

举办5S活动的目的是吸引员工注意力,实现全员参与,这是一种非常重要的推进手段。企业通过举办各类5S主题活动,如征文、漫画活动、亮点征集等,动员全体员工参与5S活动,并在企业内部刊物上予以发表并广泛宣传,从而保证5S氛围的长久持续。

(二) 培训

培训是推行5S管理过程中不可缺少的重要步骤。企业要持续不断地向员工灌输5S理念,牢记"不种庄稼就长草"的道理,即自然生长产生不了好员工。5S培训应形式灵活,可以采取课堂培训、操作现场培训等方式,很多企业甚至会邀请专家为员工授课,或者在专业老师的指导下对工作环境进行现场改善。通过培训,让员工理解5S管理的必要性和重要性,并掌握5S管理的方法和应用技巧。

在推行5S管理的初期阶段,务必精心挑选基层的骨干员工或管理人员,单独进行系统化的骨干员工培训,依托这些经过培训的骨干员工来高效组织和推进初期的5S管理工作。

(三) 考核

为了检验员工对5S管理知识的掌握程度,在培训结束后,将对员工进行理论知识的考核。考核通常采用书面考试的形式,将考核成绩记入个人档案,作为员工日后业绩考核的依据。对于不合格者,应要求其补考并直到合格为止。

二、5S管理准备工作要点

5S管理的实施离不开四项原则和四项要点。四项原则是指领导重视原则、塑造氛围原则、人本激活原则、时时辅导原则。四项要点是指建组织是核心、定标准是关键、设制度是保证、配物料是基础。

(一) 建组织是核心

酒店服务业推进5S管理的一项重要工作就是构建组织,在内部挑选精兵强将形成5S专项推进小组,小组要代表企业负责人制订推进工作计划,帮助企业长期深入地完成专项工作。泉城大酒店在推进5S过程中,设立了5S推进专项小组,由总经理挂帅,明确责任分工和推进目标,在全店范围内,尤其是对基层员工反复开展5S相关培训,通过学习、训练和宣传贯彻,形成全员参与的浓厚氛围。

(二) 定标准是关键

1. 确定5S的整理和整顿标准

酒店服务业的5S管理要从整理和整顿开始,要将酒店服务过程中的各种物资、工具、设施进行清点,并按照使用场景进行专门的定位,确保保管和取用都方便,提高物的"活性"。整理和整顿是企业精细化管理的一部分,为了确保员工能够实施到位,需要确定相关执行标准,如要或不要标准、定置画线标准等,这些标准要细致、严谨、清晰。例如,固定区域使用50毫米黄胶带或黄油漆进行标记,可移动桌面物品使用20毫米宽的黄胶带或黄油漆进行标记等。具体可参考图2-1。

图2-1 固定区域、可移动桌面物品画线示例

2.确定目视化标准

各部门在完成整理和整顿工作后，应积极推进目视化活动，通过透明化各项管理措施，简化操作流程，实现有效的自我监督。目视化活动的开展需依赖酒店预先制定的目视化标准，包括办公类标准、工具类标准和展板类标准。针对展板类标准，我们需详细制定不同场所展板的规格、色调及标识等要素，确保统一规范并明确各自责任。具体可参考图2-2、图2-3。明确了目视化标准，就可以着手实施现场的可视化管理了。

图2-2 统一标识

图2-3所示是一个物料管理卡，明确标识了该物料的名称、存放位置、

物料编号、规格型号、存量等。

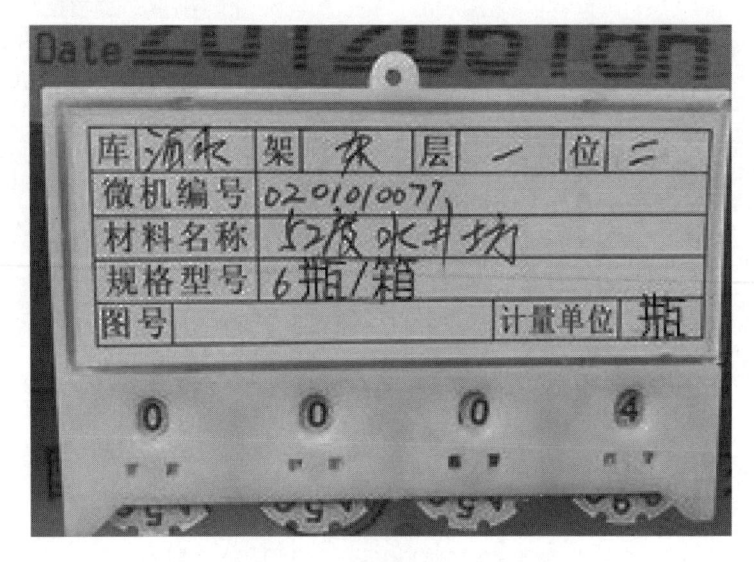

图 2-3　物料管理卡

（三）设制度是保证

5S 现场管理是一项长期的工作，依赖于酒店的制度保障，以确保 5S 活动能够长期坚持并持续生效。5S 制度涵盖多个方面，包括明确对 5S 现场的监督规范，确保酒店能够持续地组织监督；明确对 5S 优秀团队的评比与奖励机制，保证 5S 实施过程中员工的参与积极性；明确对岗位人员的 5S 素养的培养要求，推动管理者们加快实施步伐等。泉城大酒店在推进 5S 过程中，不断总结经验，提炼优秀做法，编制了《5S 精细化管理推行手册》、《泉城大酒店 5S 推行手册》，以及新版《泉城大酒店企业标准》，如图 2-4 所示。这些文档将各项 5S 精细化管理标准进行了系统归纳，便于员工培训和推广。

图2-4　泉城大酒店推行制度

（四）配物料是基础

5S管理推行过程中所需物料的种类繁多，酒店能否提前配齐这些物料，直接决定了实施的速度。泉城大酒店在推行5S管理的过程中，强化了对相关物料的采购和保管工作，如不干胶、地胶带、标签打印机、扎带绳等。通过提前识别和采购这些物料，不仅保证了推进进度，还显著提升了现场管理的规范化水平。这些物料种类较多，我们对其进行了整理，如图2-5所示。

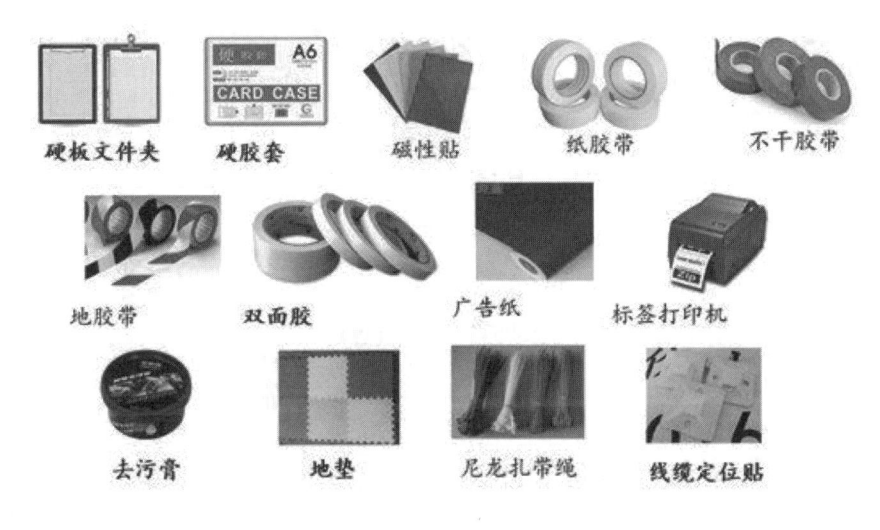

图2-5　5S物料推行清单

第三节　5S从整理和整顿做起

服务业的5S工作如此重要，那么怎么推动呢？我们可以借鉴日本企业在5S实施中的一句箴言："5S工作始于整理和整顿，终于整理和整顿。"这句话明确指出，实施整理和整顿是5S工作的首要步骤，务必做到扎实且到位。

一、酒店服务业的整理管理

整理，是指将物品区分为必要的和不必要的、使用频率高的和使用频率低的、单价高的和单价低的等。在厘清这些内容之后，便可根据类别进行有序安置。

整理是各部门推行5S管理的首要任务。其核心在于将有用的和无用的物品进行有效区分，区分标准需依据物品的使用频率和重要性。在实际操作中，为高效完成整理工作，必须对所有物品进行一次全面的盘点。对于不明确的物品，需逐一列举、界定并分类，这便是我们常提及的"抽屉理论"。通过这样一次全面、系统且彻底的整理，现场人员的5S素养将显著提升。现场堆积的闲置物品不仅造成空间浪费，还会使原本宽敞的工作场所逐渐变得拥挤，尤其是货架、橱柜等被杂物占据，降低了使用价值，并增加了寻找物品的难度，进而导致时间上的浪费。此外，物品摆放混乱还会给盘点带来困难，容易引发成本核算不准确等问题。

整理的核心目标在于将工作场所的物品划分为必要与非必要两类，保留必要物品，清除非必要物品，从而腾出空间，营造清爽、整洁的工作环境，并提升有限空间的使用效率。尤其是在仓库和厨房的优化中，整理的作用尤为显著，如图2-6所示。

图2-6 仓库整理

（一）整理常用的方法

酒店服务业的整理过程通常使用的方法有红牌作战法、使用频率法、价值分析法、定点拍照法等。其中最常用的方法是红牌作战法和定点拍照法，红牌作战法用于查找遗漏的且需要整理的物品，而定点拍照法则用于呈现改进效果，鼓励员工持续改进，具体如图2-7所示。

图2-7 厨房红牌作战及改善后的定点摄影

（二）整理的推行方法

5S的推行，表面看似简单，实际操作却极为复杂。其简单性体现在方法简洁、实施便捷、局部改进易行，然而遗憾的是，局部改进的实际意义有限。复杂性则在于，长期坚持和整体推进都颇为艰难，缺乏跑马拉松般的毅力和一把手的持续关注，难以取得显著成效。因此，在具体实施过程中，各区域负责人必须统一行动、坚定决心，对不必要的物品果断处理，绝不容许拖沓犹豫。

为了确保现场物品处理过程既快速又准确,我们将开展问答活动,具体问题如下所示。

1.确定每件物品是必要的吗?是否有更优的放置方法?

2.哪些物品马上要用?哪些暂时不用?哪些是长期不用的物品?

3.现场必须保留的必需品的数量降到最低程度了吗?

在整理过程中要遵循以下几条原则。首先,可有可无的物品,即使再贵,也要坚决处理掉;其次,非必需品,如果此处不需要,而其他地方需要,则要寻找合适的位置;最后,场地不够时,先整理现有场地,整理后,现有场地变大,问题自然迎刃而解。

在整理过程中,我们常常需要判断哪些物品要留在现场、哪些要在仓库中保管。为此,我们需要了解相关判定原则,具体可参考表2-2。

表2-2 以使用频率为基础确定处理方法

类别	使用频率		处理方法	备注
必需物品	每小时		放工作台上或随身携带	
	每天		现场存放(工作台附近)	
	每周		现场存放	
非必需物品	每月		仓库存储	
	三个月		仓库存储	定期检查
	半年		仓库存储	定期检查
	一年		仓库存储(封存)	定期检查
	两年		仓库存储(封存)	定期检查
	未定	有用	仓库存储	定期检查
		不需要用	变卖/废弃	定期清理

续表

类别	使用频率	处理方法	备注
	不能用	变卖/废弃	立刻废弃

我们以酒店的厨房为例，探讨如何区分有用和无用物品，具体可参考表2-3。

表2-3 厨房物品是否必要的判定标准

序号	必要	非必要
1	正常的机器设备	菜叶、纸壳、破损物品
2	工作台、物料架、货架	腐败或过期的原料
3	正常使用的工装、文件夹	替换的工装
4	各种小工具、盛器	损坏的工具
5	原材料、半成品、成品	个人物品
6	防蝇、防尘用具	破板凳、坏掉的钟表
7	张贴的看板、制度	过时的文件、表格、看板
8	有价值的消耗品、样品	损坏的样品

二、酒店服务业的整顿管理

整顿就是分类放好。各部门需将整理之后留在现场的必要物品进行细致分类，然后按照整顿三要素：场所、方法、标识，进行系统化管理。三要素看似笼统，实则明确了物品的摆放地点、摆放方式和摆放状态（即张贴标识），确保摆放位置便于取用、摆放方式便于保管、张贴标识便于查找。对于仓库中的物品而言，我们提出了更为严格的管理标准，提出了物品整顿三定原则：定点、定容、定量，不仅要确定物品的放置场所，还要规定放置容器，同时要明确数量，确保物品排列整齐、取用便捷。具体可参考图2-8。

图2-8 客房工作车

经过整顿，各项物品均实现了定置管理，使得工作场所井然有序，大幅缩短了寻找物品的时间，确保拿取物品的时间控制在5秒以内，显著提高了工作效率。此外，仓库中的关键材料可根据使用频率，设定最大和最小库存量，从而精准把控库存及采购节奏，有效控制库存金额，杜绝过期物品的产生。

（一）对酒店服务业实施整顿的诀窍

对酒店服务业的整顿，要突出使用的便利性，即什么物品应放在哪个区域，使用的时候才方便且一目了然。因此，需要在整顿过程中，逐一进行分析、研究、调整。常用的整顿方法有以类定区、常近少远、以性定区。

1. 以类定区

以类定区，即根据物品类别确定摆放区域。图2-9展示了布件房对常用物品的分类存放情况，针线、扣子等物品被分隔保存，便于高效管理。

图2-9　布件房以类定区

2.常近少远

常近少远，即根据物品的使用频率决定存放场所和高度。比如，常用物品放在库房出口处，常用的大体积物品放在货架底层等。表2-4为根据本原则确定物品按照使用频率对应存放的位置。

表2-4　根据物品的使用频率决定存放场所

类别	使用频率	存放方法	备注
现场物品	使用频次高	放工作台上或随身携带	不走路，不转身，不搬运
仓库物品	出库频次高	出口附近和底层货架	
工装/器具	利用频次高	使用现场附近存放	

3.以性定区

所有特殊属性的物品，如危险物品、化学物品、消防器械、易燃易爆物品等都需要进行单独隔离，并指定特定区域存放，具体如图2-10所示。

图2-10 消防器材隔离定区存放

（二）酒店整顿过程中的具体实施内容

在酒店物品整顿过程中，所有物品的摆放方法需明确规范。可根据物品的种类、空间布局、区域划分和防护规定等，确定具体的摆放方法，包括上架、入箱或挂墙等。务必遵循"先进先出"和"拿取便利"的原则。

在酒店5S整顿过程中，应按照如下要求实施。

第一，清扫器具采用悬挂方式放置，并尽量使用架子，以提升空间利用率；第二，通过颜色和位置区分钥匙，减少拿取时间；第三，将厨房工具上墙，既提高了空间利用率，又明确了每件物品的具体位置；第四，确立拿取原则：工具不归位，我也不离开；第五，根据配件形状设计存放容器，例如将圆形配件按标准数量整齐排列，确保库存数量清晰可见；第六，客房工作间的杯具和厨具采用右进左出的管理模式，保证先进先出。具体操作可参考图2-11。

图2-11　根据物品特性等确定摆放方法

（三）酒店服务业中的目视化标识应用

标识的应用使现场环境透明化，简化了管理流程，它是实现现场数字化管理的基石和前提。所谓标识，是一种泛称，涵盖了我们利用不同颜色、文字、图案等手段对物品及场所进行的明确标定，确保人员或未来的机器人能够无须额外判断即可准确拿取，从而显著降低工作难度。在酒店服务业的日常运营中，标识类型繁多，应力求统一规范。具体标识操作可参照图2-12。

图2-12　各类标识

标识的标准化不仅涵盖物品的名称、作用、责任人等基本信息，还涉及位置、警示、限度等关键内容。从未来的视角看，将物理世界的标识转化为虚拟系统中的数字标签，能够构建数字孪生体系，实现现实世界向虚拟世界的转化，从而为未来机器人的高效工作奠定基础。因此，标识工作必须细致入微，确保精准到位。

三、酒店服务业的清扫管理

清扫旨在清除现场内的污垢和物料垃圾,修复设备的微小瑕疵,以确保现场整洁明亮,设备运转顺畅。在酒店业,清扫不仅承担着卫生清洁的职责,更是服务行业中不可或缺的关键环节。它不仅保障了客户的健康安全,还为客户营造出一个温馨、舒适的环境,并成为现场管理的核心要点。

(一) 实施清扫的要领

清扫不同于打扫,是有计划、有步骤、有标准地开展全方位扫除的活动。在酒店服务业中,实施清扫绝非易事,需要我们认真执行以下步骤。

第一,需对整个酒店区域进行细致的责任区划分。清扫工作要求精细,因此必须明确责任到人,确保酒店所有空间均得到全方位、无死角的覆盖。第二,应建立定期清扫机制。清扫活动不同于整理和整顿,每次清扫耗时较长,因此需合理设定时间间隔,避免给员工带来过重的负担。第三,清扫完成后,员工应对污染进行溯源,找出污染源,并及时向上级汇报。第四,上级需组织相关部门进行深入研究,从源头解决问题,消除污染。第五,酒店应基于污染源和清扫实践,逐步制定出科学合理的清扫标准。

(二) 清扫的推行思路

清扫前的准备工作至关重要,服务业的特点是工作具有一定的随机性。因此,必须提前为每位员工分配清洁区域,以便高效利用时间,及时完成清扫任务。在划分区域的过程中,需综合考虑各岗位的工作负荷,对于负荷较高的岗位,分配的清洁区域应相对较小;反之,则应适当扩大。此外,划分区域时务必确保责任界限清晰,杜绝任何死角的存在。

制定清扫标准是核心要务。在制定清扫结果标准时,必须站在客户的角度进行思考,体察客户的认可度和舒适度,并以略带挑剔的眼光审视现场,探讨如何才能实现客户满意乃至感动,这一点至关重要。一个干净、整洁的环境不仅能令顾客满意,还能让员工心情愉悦。在整洁、明亮的环境中，出现任何异常情况，哪怕是一滴污水落地，也能迅速被察觉。

制定清扫周期标准时，应以员工的立场为出发点，考虑如何使员工在劳动量和劳动时间上的投入最小化，以及如何设计出既简便又高效的工作方法，用心制定的清扫标准才是真正有用的标准。具体前台接待清扫周期标准可参考表2-5。

表2-5 前台接待清扫周期标准

岗位	任务	标准值	单位	说明
前台接待	前台地面	1	天	
	前台纸篓	12	小时	
	前台墙面、屋顶、开关面板的清洁	3.5	天	注意用电安全
	房价牌、挂钟、门、门框的除尘	7	天	
	电脑屏幕、主机、电线的清洁	7	天	注意用电安全
	借用物品的清洁	7	天	
	抽屉、橱柜、保管箱的清洁	7	天	
	前台台面物品的清洁	1	天	
	宾客台面及物品的清洁	12	小时	
	糖缸的清洗	1	天	
	前台外立面的清洁，鞋印的清除	3.5	天	一周2次
	鲜花除尘，花瓶换水	1	天	

酒店服务业是劳动密集型产业，同时也是设备密集型产业，众多设备保障着服务的顺利进行，因此对设备的清扫也非常重要。设备清扫与故障发生率密切相关，凡是清扫工作没有做到位的企业，其设备损坏或故障的发生率往往都较高，具体关联可参考图2-13。

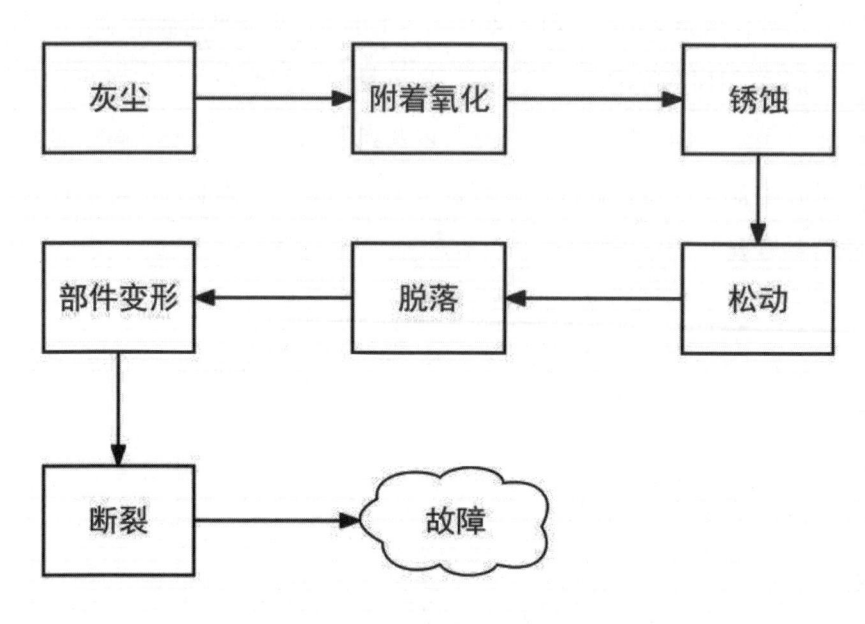

灰尘 → 附着氧化 → 锈蚀 → 松动 → 脱落 → 部件变形 → 断裂 → 故障

图2-13 清扫与故障的关联

在制定清扫标准的过程中，我们应力求明确且量化，以便客房部、餐厅部等能够依据这些标准制订各自的卫生计划。同时，各部门需严格按照相关标准进行质量检查，从而巩固成果，确保服务质量的持续稳定。

四、酒店服务业的清洁管理

清洁是将整理、整顿、清扫进行到底，并且形成闭环管理，形成具体的制度。

企业在推行5S管理时，往往分不清清扫和清洁。清洁是保持整理、整顿、清扫（3S）状态，重点是用制度来进行管理。清洁，包括现场问题的评定标准、检查标准、评价方式、改进方案等，形成PDCA的管理闭环。由于5S管理涉及的问题较多，因此要构建非常详细的管控规范，如酒店着装标准、消毒操作管理规定、客房卫生间清理标准、部门之间的互相检查规范、检查人员的人力认证规范、检查问题的整改规范等。在酒店服务业的

5S管理中，清洁的标准化、制度化要格外严谨细致，确保长效机制的通畅运行。有了这些标准，在具体工作中就有据可依，并可以通过检查考核实现彻底执行。

（一）清洁标准的制定

酒店服务业的清洁要从现场标准开始。酒店物品较多，应分门别类制定标准，不要有遗漏。比如，物资分类存放标准、物资存储数量标准、定置和定位与定标识标准、清扫工具标准等。图2-14是某酒店的清洁标准示例，供大家参考。

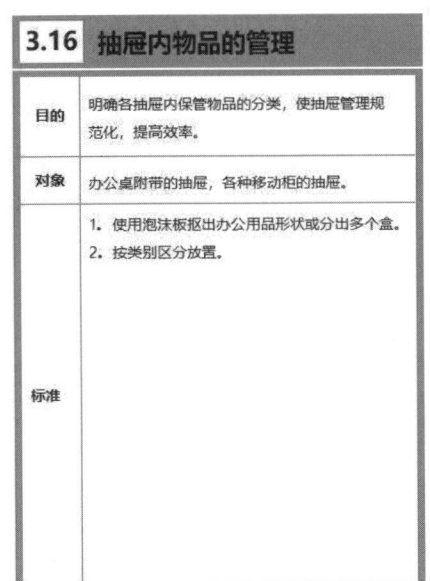

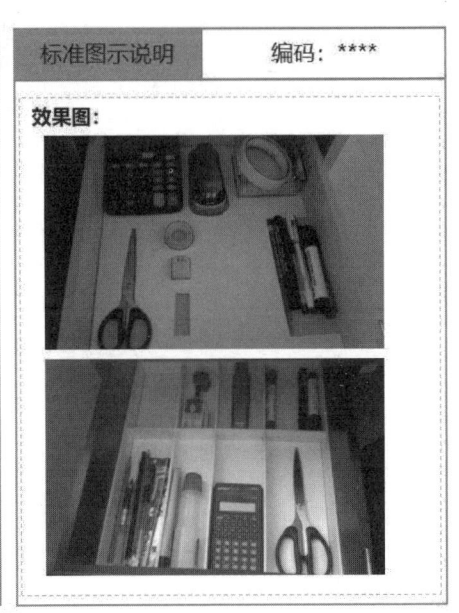

图2-14　某酒店的清洁标准示例

（二）清洁制度的制定

酒店形成5S管理的长效机制非常关键，重点是各类管理制度的建立。5S管理常常反复的原因是缺少定期检查评价机制，唯有机制方可推动5S工作循环，巩固前期效果，保持渐进提高。其中，清洁制度包括5S周会制度、红牌互查清单、问题申诉制度、问题整改复查机制、各单位检查积分制度、各单位评价激励制度等。表2-6为某酒店某办公室检查打分标准,供大家参考。

表2-6 某酒店某办公室检查打分标准

序号	点检项目	点检点	标准分值	标准分值所对应的现场情况
1	办公环境	室内卫生、饰品、盆景、生活及卫生用品	0分	地面、门窗、墙壁卫生不达标,沙发脏乱;毛巾、抹布、暖瓶、报纸、衣架、报架、盆架等生活用品摆放不整齐
			1分	室内布局合理,空间有效利用,卫生达标,生活及卫生用品分类摆放、整齐有序
			2分	所有可移动物品均得到合理安置,整体协调、错落有致,无使用价值的物品(经允许的饰品除外)已全部丢弃
			3分	室内卫生及所有可移动物品均落实管理和监督人员;经常使用易发生危险或易位的地方,要有明显的标识;垃圾被及时清理,桶内垃圾不超过容积的2/3;饰品、盆景不得有残损、花卉不得有枯死或发黄
			4分	建立管理制度,保持室内整洁,负责人有不定期检查记录(形式不限)
			5分	连续5次抽查均得4分的
2	办公桌椅及辅助台	桌面、椅子、办公辅助台、电脑桌、茶几	0分	未进行整理,即偶尔清理、零乱、有灰尘、有污物或废弃物
			1分	办公用品(具)品摆放整齐,卫生保持良好,没有摆放无使用价值的物品
			2分	办公桌椅的布局合理、协调,桌面用品摆放整齐、取用方便
			3分	所有桌面办公用品种类、数量及摆放位置均已确定,并实施
			4分	办公用品按使用频率进行了优化,桌面上只有日常用品,并且按照直线或直角摆放,美观实用,并随时处于待用状态
			5分	连续5次抽查均得4分的

续表

序号	点检项目	点检点	标准分值	标准分值所对应的现场情况
3	抽屉	办公用品和私人用品	0分	未进行整理，摆放凌乱
			1分	私人用品和办公用品分开，并且没有无使用价值的物品存在
			2分	办公用品分类、分区易于拿取
			3分	结合使用频次合理定位，并做了易于区分的标识
			4分	物品摆放整齐、干净，使用了行迹或其他目视管理方法，并随时处于待用状态；私人用品摆放达到3分标准
			5分	连续5次抽查均得4分的
4	橱柜	档案柜、书柜、储藏柜	0分	外部不整洁，内部未做分类整理，仍有使用价值的文件、书籍等存在
			1分	布局合理，橱柜类别、责任人标识清晰，内部物品进行了分类、分层存放，无使用价值的文件、书籍等已丢弃(或报批销毁)
			2分	列出分类、分层明细表，并置于橱柜内醒目的位置；同时，储藏柜已标明最适宜的存放量

以泉城大酒店为例，该酒店制定了四级检查制度。一级检查是酒店整体检查。由总经理带队每两周进行一次全面检查，对各岗位的5S工作情况进行评价打分。二级检查是酒店的定期抽查。由人力资源部负责，每周抽查各岗位5S工作进展并通报。三级检查是各部门的每周自查。由各部门负责，每周由部门负责人检查自己部门的现场情况。四级检查是岗位互查。岗位员工在交接班前，自主清扫，每班交接时完成互检。酒店就是通过层层督导、检查，使员工将5S工作贯彻实施，直至养成习惯。

酒店5S小组负责将上述要求跟踪落地，检查各部门推进5S管理的成果。例如，餐饮部每班组下班前检查、客房部每日下班前检查、人力资源部每周开展评比、仓库每月检查等。工程部5S检查表，如表2-7所示。

表2-7　工程部5S检查表

序号	检查项目	检查标准	做到✓	没做到✗
1	管理区环境、制度、看板	工程部管理制度完善，机房平面图、管理看板的悬挂整齐且统一；墙面干净，无蛛网、积尘；地面干净；桌面整洁，物品摆放整齐；各类标识完整		
2	电梯	电梯运行良好，干净整洁；安全警示、标识清晰；电梯在检验有效期内，应急电话畅通		
3	机房设备定位标识	泵房、中央空调机房标识及设备标识、通道线标识清晰、准确，检修设备、仪器布局合理、摆放有序，间距和摆放角度符合要求		
4	设备责任标识与检查	设备仪器有明确的责任人员，坚持日常点检，有必要的记录，并且记录清晰、准确；设备应保证处于正常使用状态，非正常状态的设备应有明显的标识		
5	机房设备清洁养护	设备状态良好，漆色清晰完整；同区域设备的颜色统一、外观清洁；外观无明显的锈蚀、破损，无跑、冒、滴、漏等现象。设备部件应定期清洁，保持干净、无积垢。开关、控制面板的标识清晰，控制对象明确		
6	电气设备定位标识	在电气房内，必须明确展示安全标识和电气设备标识。进行电气检修时，应确保有适当的警示标识。同时，设备责任人标识和点检卡标识也应当清晰可见		
7	设备安全措施	开关、手柄、防护罩等齐全且完好无损。危险设备配备了相应的警示标志和防护措施。仪器、仪表等均在有效期内，并且可以正常使用，表盘整洁清晰，标有必要的正常范围标识		

五、酒店服务业的素养管理

酒店直接面对客户,用服务换取价值,因此酒店服务业对员工素养的要求格外高。5S活动的最终目的是提高员工的职业素养,培养其良好的职业习惯,从而带来整个酒店服务水平的提升。可以说,员工素养是酒店的核心竞争力。

(一)形成遵守规则的习惯

没有规矩,不成方圆,遵守规矩就是素养,这需要全体员工共同完成。在酒店服务企业中,往往由于监督力度不够,日常工作中常常会出现漠视规则的行为。行为的载体是人,是员工的认知。在现实情况中,许多员工认为遵守规则会限制个人自由,但是他们很少了解到遵守规则会带来更好的客户体验,所以遵守规则最重要的是认知的形成。

在员工个人素养培养阶段,酒店要对企业里需要遵守的行为规范进行总结提炼,制定出浅显易懂的能得到大部分人认可的规则。规则的制定,要能够为客户带来满意和愉悦,要能够使员工的工作更轻松、更愉快,要能够帮助企业创造更多的品牌价值。

有了规则,就要培训。在此阶段,酒店要重视各部门晨会的召开,更要重视晨会讲解的内容。晨会要有仪式感,要有明确的会议环节。其中,一个重要环节就是对管理规则的讲解培训,并对每日遵守情况进行点评和奖罚。

好的遵守大多来自检查。大量且频繁的监督检查是保证规则被尊重的必要条件。因此,酒店要通过管理者巡视、客户投诉信箱、视频监控等手段,时时监督、处处检查,直到形成自觉。

(二)形成关注细节的企业文化

酒店工作无大事,真正的大事就是服务过程中的每一个细节。每一位员工的每一项工作都代表着一次对顾客的服务,代表着酒店展现给客户的品牌形象。细节做好了，客户就会满意，口碑就会积累；反之，口碑就会下降，甚至出现投诉的情况。道理很简单，但对于员工而言，关注细节与人性相悖，日常工作中千百次重复的劳动已经非常枯燥了，怎么会关注到细节呢？细节沦为形式，实乃常态。

我们一定要理解的是，做好细节的动机不是来自员工自己，而是来自酒店风气建设。在5S活动中，不是让员工关注细节，而是鼓励员工注重细节。酒店要定期组织活动，对各项细节工作进行聚焦、放大，对于各类细节工作进行抽查或评比，对于细节工作执行到位的优秀员工进行表彰。同时，酒店要树立关注细节的标杆，用一点带动整体提高。比如，日本机场的服务员新津春子作为服务业的榜样，家喻户晓，她的事迹激励了无数底层工作者，这就是榜样的无穷力量。

此外，我们也建议酒店服务企业要高度重视仪容仪表，因为仪容仪表是一个典型的细节，通过这个细节能够带动全员的细节意识，也是一种以点带面的方法。

培养注重细节的企业文化是一个长期而艰巨的任务，这需要全体员工达成共识。酒店服务企业要构建起一套完善的管理机制，并对那些表现出色的员工给予认可。一旦这种文化得以确立，它将极大地提高服务品质，并对酒店的社会效益和经济收益产生积极的影响。

（三）活动、教育、训练

个人素养的形成需要长期持续的强化，包括培训、指导、检查、纠正等，这些强化措施在新员工进入酒店之初就要开始，并贯穿于员工工作的全过程。

活动是5S工作的载体。何为活动？就是酒店内员工都能参与的一些趣味工作，如竞赛、评比、征文、宣传、茶话、晨会、5S月、专项活动、现场观摩、5S改善图片巡展、报告学习表彰等。活动是一种润物细无声的培养，不仅能提升员工的5S认知，还能让5S观念深入人心。活动不是教育，重点在于引导,需要领导者进行精心策划,活动内容要丰富有趣,要易于参加,要有社交属性,这在当前时代尤为重要。

提升新员工的素养,要从教育入手。新员工如同白纸,容易接受新事物、新要求,并且能够先入为主,因为起始的观念会非常牢固且可靠。对新员工进行5S教育应该是全方位的,内容包括相关知识、具体要求、实践方法、老员工的体会等。同时,现场的观摩学习和现身说法必不可少,因为它能够确保所要传达的规则深入人心,一旦新员工接受了这些规则,也就逐渐建立了正确的职业观。需要提醒的一点是,教育的仪式感很重要。

老员工个人素养的提升主要依靠训练。老员工的职业习惯已经形成了,对于更高的素养要求,常常是达不到的。这种职业习惯根深蒂固,不自觉地就会流露出来,怎么办呢?通过身体的重复训练来实现肌肉记忆,形成改变,这也是下面重点强调的。员工个人素养的提升一般要经历从形式化到行事化再到习惯化的过程。

(四)养成习惯,形成肌肉记忆

素养强调员工持续保持最佳的状态,而最有效的方法便是培养良好的习惯。习惯犹如一种肌肉记忆,心理学家曾进行过一项研究:一个人若连续七次坚持某一动作,便可能形成暂时性习惯;一旦暂时性习惯确立,通过在特定时间内不断重复刺激,持续该行为,暂时性习惯最终将转化为永久性习惯。

在推行5S管理的过程中,经过多方共同努力,才营造出良好的工作场所。这种做法要进行反复坚持、反复刺激,即"反复抓,抓反复"。维持现场的方法也要反复训练,直至形成肌肉记忆。以肯德基为例,新员工在老员工的指导下,通过学习作业指导书很快就掌握了清扫要领,再经过反复训练,新员工不自觉地形成习惯,在工作中看到某些污染就会立即条件反射地进行清扫作业。然而,有些企业因缺乏对反复培养和检查的耐心,常常半途而废,或过了一段时间再拾起来,这种"烙烧饼"的做法不能持续刺激，因而无法形成习惯。

保持良好的习惯就是素养，说起来很简单，做起来非常难。以泉城大酒店为例，酒店在推行5S管理的过程中提出了"服务四海顾客，服务全体员工"的企业使命，制定了"打造以5S精细化管理为特色，以泉城服务为品牌，以超高网评为标志的网红模式店"的战略目标，提炼出"泉心全意、至真至诚"的服务理念，总结为"3不8要"。同时，泉城大酒店将企业文化、5S精细化管理理念、酒店服务理念整理设计成员工随身卡，方便员工随时学习、随时记忆、随时检查。当每位员工都养成良好的习惯，并持之以恒地坚持下去时，习惯就成了自然。素养工作需要长期且深入的开展，才能收到良好的效果。

各部门通过晨会、周会学习等手段，反复进行员工培训和评价，培养守规则、重细节的高素质员工，使5S文化能够内化于心、外化于行，从而打造出一流的服务团队。某企业文化素养宣传展板，如图2-15所示。

图2-15 某企业文化素养宣传展板

六、酒店服务业的6S管理——安全

5S活动不仅是保障服务质量和提升服务效率不可或缺的基础性活动，也是预防人身安全事故、食品安全事故和环保事故的重要基石。随着国家对环保和安全标准的不断提升，服务型企业越发重视安全环保体系的建设。鉴于此，酒店服务企业在原有5S的基础上，新增了安全（Safety）要素，进而形成了"6S"管理体系。

实施6S管理不仅在于从安全环保事故的源头构建规则，减少灾害事件的发生，还在于重新修订3S（整理、整顿、清扫）标准，以优化过程管理。因此，人们常言"3S（整理、整顿、清扫）是安全之母"。当然，从安全和环保的角度出发，6S的具体要求会相应地有所调整。

（一）安全活动的步骤

1.6S活动中要增加安全设施检查和员工安全培训

酒店需定期对消防设施、安全出口、应急照明等安全设施进行检查，确保其完好有效。同时，对电梯、锅炉等特种设备，也应定期进行专业检测和维护。

在6S活动中，要增加对员工的安全培训，以增强员工的安全意识和提高其应急处理能力。安全培训内容应包括基本的消防知识、应急疏散、急救技能等。

2.酒店应制定各类应急处置预案并持续宣传

酒店应制定详细的应急预案，明确各类突发事件的应对流程和责任人，并定期进行应急演练，确保预案的有效性和可操作性。

酒店应通过内部会议、公告栏、员工手册等渠道，宣传安全环保预案，增强员工的安全意识和环保意识。同时，也应对外公开酒店的环保承诺和措施，提升酒店的公众形象。

3.在推进6S管理的过程中，要注重节能降耗和循环利用

酒店应在水、电、燃气等资源的使用上，积极采取节能措施，有效减少浪费。例如，可以通过安装节水装置、优化照明系统、合理使用空调等方式，实现资源的有效利用。

在推进6S管理的过程中，要做好废物分类处理。酒店应建立完善的废物分类处理制度,确保各类废物得到妥善处理。通过垃圾分类、资源回收利用等方式,有效减少环境污染。

4. 在推进6S管理的过程中,要引入绿色低碳的观念

酒店应推行绿色采购政策,优先选择环保材料、绿色产品和服务。例如,采购环保清洁用品、节能设备、可再生资源等。酒店应关注能源效率的提升,采用先进的节能技术和设备,如太阳能热水器、地源热泵等。同时,建立能源管理体系,对能源消耗进行实时监控和分析,及时发现并解决能源浪费问题。

酒店作为集餐饮、住宿、娱乐和购物于一体的综合性服务企业,不仅是旅客出游、商务出行及会议活动的理想栖息地,更是满足顾客多元化需求的重要场所。对于顾客而言,酒店提供的不仅仅是物理空间上的床位和美食,更重要的是在消费过程中所能体验到的舒适与愉悦。然而,这一切美好感受的基石,都离不开安全可靠的酒店产品和服务。因此,通过实施6S管理,酒店可以确保服务质量和打造安全环保的环境,这不仅有利于酒店的可持续发展,也符合社会对环境保护和公共安全的期待。

(二)安全管理制度

酒店安全管理是一项系统性的工程,它需要我们遵循规范化的操作流程并持续进行改进。在6S活动中,需要强化以下几个方面。

1. 制定安全生产管理制度

企业根据我国安全生产方针及有关法规和政策制定的安全生产管理制度,是企业和员工在生产活动中必须共同遵守的安全行为准则和规范。因此,企业在推行6S管理的过程中,安全生产管理制度是企业规章制度的重要组成部分。通过制定并执行安全生产管理制度,围绕安全目标开展生产活动,从而有效推进6S管理。

2. 加强酒店安全培训工作

安全工作是酒店管理的核心要务,众多酒店安全事故的发生不断地给

我们敲响警钟。因此，酒店应定期开展安全保障培训，提高酒店全员的安全素养及相关安全知识和技能，确保每一名员工都具备坚实的安全工作能力。

3.营造安全的服务环境

国家和企业的一项重要职责是保障劳动者的人身和财产安全。我们推行6S管理，首先是提升企业的管理水平，营造优质、安全、文明的生产环境；其次才是实现产品最优化和收益最大化，从而实现安全与生产的有机统一。

4.安全管理的全员参与

安全生产是企业依据自身设定的安全目标，采取具体措施以力求实现的过程。该过程与6S管理相融合，旨在将企业的安全要求转化为切实可行的具体操作。例如，基于酒店消防的基本概况，设计安全组织架构；依据应知应会的要求，制定详尽的培训方案；明确消防安全责任，进行细致的责任分工，定期开展检查，并公示所发现的问题及相应的整改措施等。

在6S工作中，安全管理的核心在于全员参与，旨在提高企业职工的安全素质，并推动持续改进。当然，安全管理的职责不仅局限于此，还包括制定目标、明确责任、落实措施，以及执行严格的考核与奖惩机制等。按照6S安全管理的要求，落实安全措施需要消除人的不安全行为和物品、设备、场地的不安全状态，唯有将责任层层分解并落实，才能在酒店内部构建起统一的安全责任体系，从而实现安全管理的目标。

安全生产责任制是酒店最基本的安全制度，是酒店岗位职责不可或缺的组成部分，也是确保酒店安全经营的关键。图2-16是泉城大酒店消防安全管理一览图，供大家参考。"千斤重担众人挑，人人身上有指标"，只有全体员工齐心协力，才能有效推进安全工作，并取得预期成效。

构建6S管理的长效机制，持续优化改进工作，是企业标准化建设、文化建设、安全建设的必然要求。借助6S活动的开展，将企业经营与基层服务工作深度融合,方能创造更大的价值和效益,有力推动服务业的高质量发展。

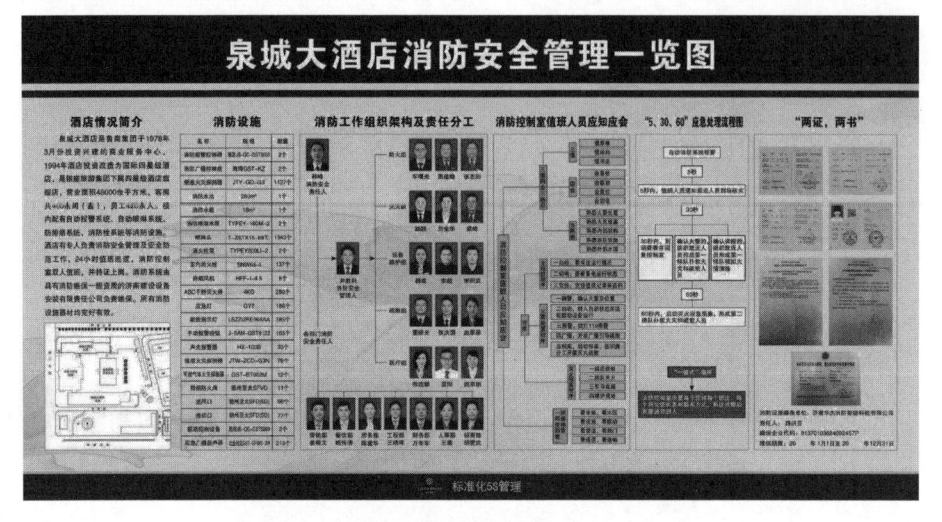

图2-16　泉城大酒店消防安全管理一览图

七、酒店服务业6S项目实施规划

6S管理在酒店中的推行,应按照项目进行管理。6S项目规划共分为五个阶段,分别是准备策划阶段、样板区打造阶段、全面实施阶段、持续改善提高阶段、阶段评选总结阶段。

(一)准备策划阶段

在准备策划阶段,最重要的工作是推行团队的组建。通常,由各部门选拔精干力量组成推行委员会。该委员会对上承接总经理的6S目标,并将其转化为具体的推进活动,营造上下一体、全员参与的良好氛围。初步确定推行委员会后,接下来需要组建正式的执行小组。执行小组通常由年富力强的骨干成员专职负责,按照委员会的要求,围绕6S活动的目标、内容及细节开展具体的落地活动。此外,酒店服务业推行6S管理,还必须成立专门的技术小组。技术小组负责完成6S中难度较高的整改要求,承担6S落地执行中的重点任务。

推行委员会肩负两项关键职能：其一是全局规划，包括6S管理的目标、内容、工具、预算、进度、分工等事项；其二是营造氛围，通过公司的各种媒介渠道，对6S活动和先进事迹进行宣讲，并通过人事制度进行表彰。为此，各部门负责人要加入推行委员会，形成整体合力。

执行小组承接高层决策，推动中层活动，落实基层检查，确保责任层层落实，并负责各项具体措施的落地。

技术小组是酒店的特种兵，或者专业执行团队。在6S实施过程中，有很多富有一定难度的具体工作，如各类标示线的画线、看板和标示牌的悬挂、工具箱的制作、油漆翻新、协助其他部门解决技术改善问题等，都需要技术小组来完成。根据企业推行6S管理的规模，可组建一个或多个技术小组，如画线小组、工具箱制作小组、标识牌制作小组、货架制作小组、宣传小组等。技术小组和执行小组都是推行委员会的下属单位。

（二）样板区打造阶段

样板区的打造，通常选择酒店的某个部门，如前台、设备间、餐厅等。在泉城酒店的6S管理活动中，选择了办公室（人力资源部）、工程部、客房部各1处作为样板区。

6S样板区通常选择现场较差的区域，酒店要集中力量对该区域进行改进，快速取得成效。通过样板区改善前后的巨大变化，给参与5S管理改善活动的人员树立改善的信心，同时也给其他区域起到榜样的作用，为以点带面全面推广提供依据，从而带动整个酒店6S管理水平的提高。

打造样板区的同时，酒店要结合企业现状，设计6S培训课程。同时，通过培训，全面贯彻6S基本知识，传播酒店6S指导性文件的内容，从根本上增强员工的改善意识。在打造样板区阶段，要反复多频次进行有针对性的培训，并且针对不同的培训对象量身定制不同的培训内容。

打造样板区阶段，同样需要借助公司网站、OA系统、简报、内刊、报纸、看板、微信等多种渠道，广泛传播6S工作的进展情况，推送6S相关知识，积极营造浓厚的6S氛围，确保每位员工能够看到5S、了解5S、关心5S。

（三）全面实施阶段

通过样板区的精心打造，酒店已成功构建起一套完善的6S管理标准体系，涵盖定置标准、设备点检标准、目视化标准、安全警示标准等多个方面。此外，在样板区的持续优化过程中，逐步形成了一系列规范化的管理流程，包括检查流程、修正流程、完善流程、验收流程以及确认流程等。针对具体岗位，酒店还制定了一套详尽的岗位自查表、单位检查表、评分标准表（分区域）以及奖罚条例等。这些标准和流程为酒店全面推行6S活动奠定了坚实的基础。

在全面实施阶段，酒店要完成以下几项重要工作。

1. 理念导入、全员宣贯

通过分批次、分阶段的培训辅导，做到所有员工都能基本了解5S的相关知识。

2. 区域划分、责任到人

对公司所有区域实施责任划分，确保每个区域均有专人负责，并构建责权利相统一的管理体系。

3. 全面推广、全员参与

大家一起动手，按照相关的6S标准，用自己的双手来改变周边的环境。

4. 完善标准、机制保障

优化并完善《目视化标准》《6S手册》《6S管理办法》等一系列配套机制和标准，确保6S活动得以稳步推进并实现长期有效的管理循环。

在全面推行阶段，酒店要重点关注以下两个方面。

第一，6S与酒店文化建设的结合。文化建设是企业经营发展的基石，将6S工作与企业的精益求精文化相结合，无疑是最佳选择。企业通过6S活动，带动员工风气和认知的积极转变，这成为企业文化建设中不可或缺的一环，实现了文化建设从理念层面到执行层面的有效转化。

第二，完善检查评比激励机制。定期组织6S查核，将查核结果纳入部门现场考核，这就推动了企业的过程绩效管理。同时，通过对6S活动过程中出现的改善亮点、先进个人、优秀团队进行奖励，完善企业的激励方案。

（四）持续改善提高阶段

持续改善提高阶段的目的是实现6S由粗到细、由细到精，即从做细到做精。具体做法有两点。

首先，要注重检查评比。酒店要建立三级查核机制，以查促改、以查定奖惩。企业6S执行小组要制订日常查核计划，定期组织查核，将查核结果纳入部门现场考核。同时，通过板报、稿件等形式宣传报道查核中的典型案例，逐步建立检查的好习惯。

其次，要始终坚持对标管理。没有对标就没有差距，看不清标杆，就看不清自己。酒店要在行业内找到对标单位，深入对标单位进行考察，通过对比分析，找到环境、设备、技能的差距，并制定持续改进方案，持续整改并落实。

（五）阶段评选总结阶段

6S项目在达到预期效果后，企业要召开表彰大会。在大会上，酒店要对各部门及单位的参与情况和所取得的成绩进行总结、分享，并对表现突出的个人和集体进行奖励。通过6S阶段的总结，酒店内部强化了整体共识，并将日常6S表现纳入部门绩效，这是长效管理机制的重要组成部分。随着阶段评选总结的完成，企业的6S管理已成为日常管理的一部分。

第三章　酒店目视化和标准化管理

在酒店行业中，流传着一句至理名言："人气决定经营，效益彰显管理。"这句话的核心思想强调的是，酒店业若想提升经营成效和利润空间，必须依托一套标准化、精细且高效的管理体系。诸如肯德基等国际知名的服务业巨头，均凭借着一套完善的目视化管理、标准化流程及精细化管理策略，取得了显著的成功。

然而，反观国内众多中小型酒店，大多数仍沿用着粗放、家族式的管理方式。在竞争白热化的酒店市场中，尽管部分酒店看似门庭若市，顾客络绎不绝，但深入剖析其财务状况，会发现实际效益并不理想，甚至出现亏损。这一现象的根源，往往在于管理细节上的疏忽和失控。

无一例外，效益好的酒店都得益于精细化的细节管理。通过目视化和标准化的管理手段，酒店可以有效确保每日工作的有条不紊。管理流程虽看似单调乏味，却能使酒店的运营时刻处于精准掌控之中，从而减少异常情况的发生和资源的浪费，这正是实现持续盈利的高效管理之道。

第一节 酒店目视化管理

目视化管理是企业管理的一种方式，强调了通过可视化手段，如色彩、形状等各种视觉感知信息来组织现场服务活动，达到提高效率的一种管理手段。目视化管理用很简单的一句话表示就是迅速快捷地传递信息，它强调透明、公正、客观，让全体员工上下一心完成工作。

在丰田汽车，企业推行准时生产制的核心就是看板，而看板则是充分运用目视化管理的结果。对于酒店而言，由于服务工作琐碎繁杂，借助目视化的方法可以实现更加简单的管理，与准时化生产异曲同工。

一、目视化管理的重要意义

在现代酒店服务行业中，目视化管理作为一种有效的企业管理手段，其重要性日益凸显。通过将抽象的数据和信息转化为直观、易于理解的视觉图像，目视化管理为酒店服务质量的提升打开了全新的局面。

（一）目视化管理有助于提高酒店的服务效率

目视化管理的核心在于将日常管理中的各类数据以直观的方式进行展示。通过对各类数据指标的监控和分析，酒店管理层可以更加精确地掌握企业运营情况，及时发现问题并迅速调整运营策略。例如，通过监控设备故障率，酒店发现某设备的某类备件总是因为故障频繁更换，就可以对该备件进行改良，降低故障率。

（二）目视化管理还有助于提高酒店的服务品质

定期对不同岗位或小组的工作进行质量检查并公示，就是一种对服务质量的可视化展示。通过目视化对比，员工们能更容易发现自己的不足之处，并有针对性地进行改进。比如在客房清洁方面，目视化管理可以帮助工作人员更直观地了解房间的状态，从而优化工作流程，缩短客人的等待时间，提高客户的满意度。

（三）目视化管理方便了部门间的沟通协调

酒店管理中最大的成本就是沟通成本，通过对计划、项目管理、工作进展的目视化，让各环节的工作人员之间彼此理解，衔接得更为顺畅，确保每一个细节都能得到充分关注和处理。

（四）目视化管理具有塑造企业精益文化，激发员工积极性的作用

目视化管理通过展示员工的持续改善建议、优秀事迹、关怀温情专栏、公开讨论栏、企业宗旨方向、远景规划等各种健康向上的内容，能够使所有员工形成凝聚力和向心力。目视化管理不仅能让每位员工清楚地看到自己的工作成果，也能让他们感受到团队的力量，从而增强归属感和使命感。这样一来，每个成员就会更有动力投入价值服务中，进一步推动整个酒店的发展壮大。

目视化管理实施得怎么样，在很大程度上反映了一个企业的现场管理水平。无论是现场还是办公室，目视化管理都有很重要的作用。在领会目视化管理的要点和水准的基础上，大量使用目视化管理能够给企业内部管理带来巨大的便利，"尽量自主管理"只有在目视化管理中才能发挥这一符合人性要求的管理法则。

二、目视化管理的具体实施内容

（一）目视化管理的物品管理

物资的目视化管理是酒店精益工作中的重要组成部分。酒店日常需要对消耗品、设备备件、客房配品等各种各样的物品进行管理，目视化管理的要求是"什么物品、在哪里、有多少"以及"必要的时候、必要的物品、

无论何时都能快速取出并放入"。达到这些要求需要按照如下步骤操作。

1. 明确物品的名称及用途

通过分类标识以及颜色进行区分。

2. 确定物品的放置场所

采用有颜色的区域线及标识加以区分，容易判断。

3. 确定合理的数量

标识出最大库存线和安全库存线，只保管必要的最小数量，并且要防止断货。

当然，实现上述步骤的前提是库房5S执行到位。

（二）目视化管理的流程管理

酒店所提供的餐饮和住宿服务，均通过一系列精心设计的流程得以实现，这些流程涵盖了预订服务、入住服务、餐饮服务和客房服务等多个方面。首先，确保每个流程都有清晰的操作步骤和责任人，是实现高效服务的前提。同时，针对每个流程，要制定详细的操作标准和服务规范。其次，确保每位员工都清楚地知道如何执行流程，以及如何提供高质量的服务。可以利用看板、流程图、电子显示屏等方式，将流程和服务标准可视化地展示给员工和顾客。这有助于员工快速了解流程，提高操作效率，同时也方便顾客了解酒店提供的服务内容。

（三）目视化管理的设备管理

近年来，随着设备自动化水平的不断提高，酒店设备维护变得越来越重要，需要日常对设备进行简单的清扫、点检、紧固、润滑等日常保养维护工作。

目视化管理的设备管理要与5S管理中的清扫保持一致，以达成设备的"零故障"为目标，以能够正确、高效地实施清扫、点检、紧固、润滑等日常保养工作为目的。

（四）目视化管理的品质管理

目视化管理可以防止许多"人为失误"的产生，从而减少品质问题的发生。

（五）目视化管理的安全管理

目视化管理的安全管理是指将危险的事物和行为予以"显露化"，刺激人的"视觉"，从而唤醒员工的安全意识，防止事故的发生。例如，在酒店的安全管理设计中：需特别关注高低差异和凸起区域，可使用荧光色油漆以增强视觉警示效果；危险物品的储存和使用必须严格遵循法律规定，并确保按规定进行醒目的标识。

（六）目视化管理的环境管理

目视化管理也可以应用在厂房环境、酒店工作环境的维持等方面。在5S管理的基础上，要尽可能使各项日常基础性管理目视化，从而塑造良好的工作环境。

三、目视化管理应遵循的原则

目视化管理绝非一蹴而就，需要我们在推行中遵循以下原则。

（一）简洁明了原则

目视化管理的核心在于通过直观的方式传达信息，因此，在设计目视化管理的内容时，应遵循简洁明了的原则，避免信息过于复杂或混乱。

（二）标准统一原则

为了确保目视化管理在酒店内部的统一性和一致性，应遵循标准统一的原则。例如，标识、标签、颜色等要素应保持统一，便于员工识别和理解。

（三）重点突出原则

在众多的信息中，应突出重点内容，以便员工能够快速把握关键信息。

例如，对于安全、卫生等重要信息，可采用醒目的颜色和字体进行标识。

（四）灵活调整原则

随着酒店业务的发展和管理需求的变化，目视化管理内容也应随之调整。因此，在实施目视化管理时，应遵循灵活调整的原则，以适应酒店发展的需要。

四、目视化实施的主要内容

酒店目视化管理需要一些媒介和抓手，根据不同的内容和分类分别实现不同的功能。

（一）安全标识

安全是酒店管理的重中之重。因此，目视化管理应包含各类安全标识，如消防设备位置标识、紧急出口标识等，以便员工和客人在紧急情况下能够迅速应对。

（二）卫生标识

酒店的卫生状况直接关系到客人的入住体验。因此，目视化管理应包括各类卫生标识，如清洁工具摆放标识、卫生检查标识等，以确保酒店卫生达到标准。

（三）工作流程标识

为了提高工作效率，目视化管理中应对各项工作流程进行标识，如客房清洁流程、前台接待流程等。这些标识可以帮助员工快速掌握工作流程，提高工作效率。

（四）物品摆放标识

为了保持酒店内部的整洁和有序，目视化管理应对各类物品的摆放进行标识，如客房用品摆放标识、仓库物品摆放标识等。这些标识可以帮助员工快速找到所需物品，从而提高工作效率。

（五）信息公告栏

为了及时传达酒店内部的各类信息，目视化管理应设置信息公告栏。公告栏内容包括酒店通知、活动信息、员工表彰等，以便员工和客人了解酒店动态。

第二节　酒店标准化管理

一、酒店开展标准化管理的必要性

酒店管理已从传统的招待所式粗放管理模式，逐步迈向精细化管理，其中标准化是至关重要的一步，也是不可或缺的一环。

酒店标准化管理涵盖了标准化服务流程、标准化管理制度、标准化培训体系和标准化质量控制四大方面。标准化服务流程，包括前台接待流程、客房服务流程、餐饮服务流程等；标准化管理制度，包括员工管理制度、财务管理制度、物资管理制度等；标准化培训体系，包括员工入职培训、岗位技能培训、管理培训等；标准化质量控制，包括服务质量、卫生质量、安全质量等。

酒店标准化管理的实施，旨在确保每一个流程、每一个环节都有明确的标准，并严格按照这些标准进行操作。只有建立标准并严格按照标准执行，才能最大限度地发挥"人"的作用。

二、明星服务企业的标准化特征

他山之石，可以攻玉。酒店服务业的标准化应借鉴跨国服务型企业的成功经验，从客户视角出发制定各项服务标准，运用人因工程设计优化内部管理标准，并基于科学管理思维精心设计经营机制。

在探讨全球快餐业巨头麦当劳的成功要素时，其对于细节管理的极致追求无疑是一个值得我们深入学习的典范。具体而言，体现在以下几个方面。

（一）吸管设计

麦当劳经过精心研究发现，当吸管的粗细能够模拟母乳喂养时的流速时，顾客在享受饮料时的体验最为满意。

（二）面包工艺

通过对气孔直径（约为5毫米）和厚度（理想值为17毫米）的精确控制，麦当劳确保了面包在口中的口感达到最佳状态。

（三）可乐温度

经过反复测试，麦当劳发现可乐在4℃时口感最为纯正，这一温度标准被严格应用于所有门店。

（四）产品重量

麦当劳将牛肉饼的重量精确控制在45克，以达到边际效益的最大化，既满足了顾客需求又控制了成本。

（五）柜台高度

为了提升顾客体验，麦当劳将柜台高度设定为92厘米，这一高度使得顾客在付款和取餐时最为便捷。

（六）服务时间

麦当劳强调快速服务，确保顾客在柜台前的等待时间不超过30秒，这是避免顾客产生焦虑的关键时间点。

此外，麦当劳在薯条的宽度、炸制时间、室内温度等多个方面均制定了详尽的标准，甚至对抹布的使用次数和翻转时机都有明确规定。相比之下，国内餐饮和酒店行业在标准化和精细化管理方面仍有较大提升空间，应借鉴麦当劳的经验，加速自身的标准化建设进程。

同样值得一提的是咖啡品牌星巴克。星巴克营造了独特的艺术化室内环境，包括精心挑选的音乐、统一的服务生着装、精致的桌椅布局、墙上的艺术品、独特的前台设计、弥漫的咖啡香等。这些细节共同构成了星巴克品牌的核心内涵，形成了独特的咖啡文化。这些世界知名企业无一不是在标准化和细节管理上做到了极致，从而赢得了消费者的广泛认可和忠诚。

三、酒店服务的标准化实施

酒店服务的标准化实施，不仅需要借鉴全球知名服务企业的成功经验，更需要一份翔实的参考蓝本。泉城大酒店在推行精益管理的过程中，精心构建了一套细致且规范的标准体系，堪称抛砖引玉之佳作。

（一）酒店业的服务标准

泉城大酒店服务标准化以GB/T 24421—2009《服务业组织标准化工作指南》为理论导向，引用了旅游局的规范性文件，严格规定了各服务岗位的标准化范围、处理流程和工作流程等，并且该标准还将处理流程绘制成流程图。图3-1为泉城大酒店送餐服务处理流程，它将服务内容的顺序明晰地标示了出来，并用文字对整个工作流程进行了解释和细化，具体鲜活，一目了然，便于酒店员工进行掌握，更有利于贯彻落实。

※案例※

泉城大酒店送餐服务工作流程

一、范围

本标准规定了酒店送餐服务工作流程。

本标准适用于酒店送餐服务人员。

二、规范性引用文件

凡是标注日期的引用文件，仅标注日期的版本适用于本文件；凡是未标注日期的引用文件，其最新版本（包括所有的修改单）适用于本文件。例如，GB/T 14308—2010《旅游饭店星级的划分与评定》、LB/T 006—2006

《星级饭店访查规范》。

三、处理流程

泉城大酒店送餐服务处理流程，如图3-1所示。

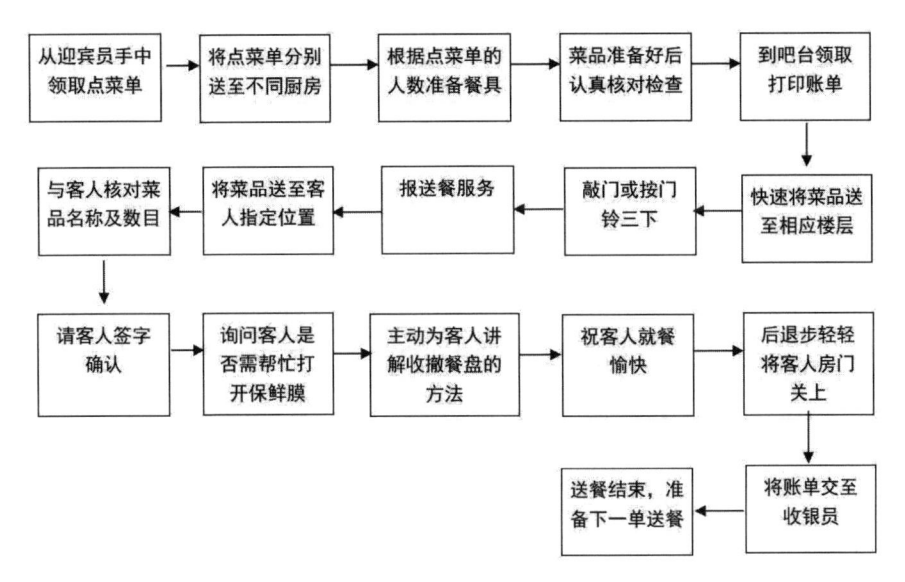

```
从迎宾员手中领取点菜单 → 将点菜单分别送至不同厨房 → 根据点菜单的人数准备餐具 → 菜品准备好后认真核对检查 → 到吧台领取打印账单
                                                                                                      ↓
与客人核对菜品名称及数目 ← 将菜品送至客人指定位置 ← 报送餐服务 ← 敲门或按门铃三下 ← 快速将菜品送至相应楼层
        ↓
请客人签字确认 → 询问客人是否需帮忙打开保鲜膜 → 主动为客人讲解收撤餐盘的方法 → 祝客人就餐愉快 → 后退步轻轻将客人房门关上
                                                                                                      ↓
                                                                   送餐结束，准备下一单送餐 ← 将账单交至收银员
```

图3-1　泉城大酒店送餐服务处理流程

四、工作流程

1．三声之内接听电话问好，报出工作岗位及个人姓名。

2．给顾客推荐菜品，提供合理化建议。

3．仔细接听并记录房间号码、菜品、酒水、顾客人数和特殊要求。

4．认真填写账单，注明点单员姓名及开单时间。

5．客人订餐结束前，应重复每一个菜品，并感谢客人。

6．进入房间前先按门铃，然后轻敲房门三下并报"送餐服务或Room Service"，间隔三秒后重复。

7．当顾客开门后，应微笑且有礼貌地问候客人，并称呼顾客的姓氏。如："张先生，晚上好！"得到客人准许后，才可以进入房间。

8．如果顾客没有回答，应通过电话告知顾客他的点餐已准备好。没有顾客的允许，不可以进入顾客的房间。

9. 如果门口挂有"请勿打扰"的标志，不要敲门，可以通过电话与顾客联系。

10. 进入房间后，需按照客人的要求摆放菜品，并打开保鲜膜、筷套等。

11. 摆台应不超过5分钟，以避免打扰顾客。可以帮助顾客摆好桌椅等，但不可以向顾客索要小费。

12. 账单和笔应放在干净的账单夹中，再递交给客人。

13. 客人签单后需认真核对，如果客人的签名难以认清，可委婉地要求客人用正楷签名。

14. 客人使用现金结账，应唱收唱付。

15. 客人结账后应感谢并热情地问候客人。例如，"谢谢您，请慢用，张先生"。

16. 后退步走出房间，并将房门关好。

（二）酒店服务的标准化实施

泉城大酒店服务标准化工作全面展开，综合办公室、餐饮部、客房部、工程部、安保部、财务部和人力资源部齐头并进，各部门均起草了本岗位的标准规范，报送至酒店服务标准化小组审核，经审核后，再由各部门修改完善，服务标准化小组批准后，各部门利用班前会、员工长廊、墙报等方式对员工进行培训，管理人员现场巡查，促进服务标准化的落实，实施流程图如图3-2所示。

服务标准化过程严谨、富有逻辑，但是服务标准化并非一成不变，它随着实际工作内容的发展而不断变化，以满足服务的变化需要，标准而又不拘泥。泉城大酒店的服务标准化符合行业标准，同时也注重突出泉城特色。例如，酒店将三楼中餐厅打造成富有泉水文化内涵的主题餐厅，在布局上设计有人工泉水和荷叶、荷花，餐厅也以泉水名字命名，如百脉泉、趵突泉等；家喻户晓的"泉水鲢鱼头"利用黑虎泉的泉水小火慢炖而成，营养丰富；在语言上，员工在迎接客人时，主动问候"泉城欢迎您！"

```
部门起草或修改服务标准 → 服务标准化小组审核 → 服务标准化小组反馈给各部门 → 各部门修改完善
     ↑                                                                        ↓
实践中产生新服务标准 ← 管理人员现场巡查落实 ← 部门培训员工普及标准 ← 服务标准化小组批准
```

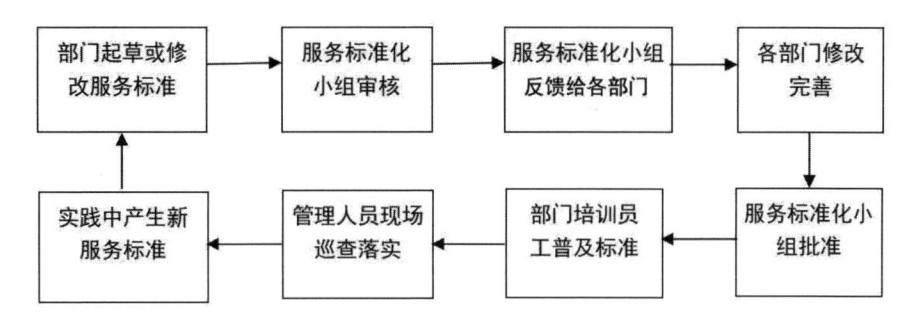

图3-2　泉城大酒店服务标准规范实施流程

（三）酒店服务标准化的考核标准

泉城大酒店服务标准化的考评分数，由各部门根据标准化行为对酒店营业额的贡献程度制定，提报给酒店标准化小组，酒店标准化小组进行对比分析，对分数进行修改，形成量化标准，反馈给各部门进行学习使用。每月各部门的考核负责人将员工的绩效分数进行统计，注明考评理由，呈报给标准化小组，标准化小组审核后交给人力资源部进行绩效工资的核算。

通过将标准与酒店目标和员工绩效工资相关联，使服务标准化成为员工主动、积极工作的内驱力，鞭策员工将服务标准化转变为个人的常态工作内容，使服务标准化成为每个员工必须做的事情，增强了服务标准化的实施力度，同时也降低了员工培训费用。

※案例※

泉城大酒店前厅部客户关系主任岗位考核标准

1.客人的投诉未及时跟进，造成客人再次投诉。（-10分）

2.对到达的贵宾未做好全面准备工作，导致工作出现脱节的。（-5分）

3.未在VIP客人入住前对房间的用品、欢迎卡、入住卡等进行仔细检查。（-5分）

4.未按VIP接待规格，提前10分钟通知总经理或有关人员准备迎接客

人。(-5分)

5. 当班期间，大堂区域卫生、设施设备、工作秩序等方面出现问题而未及时反映。(-2分)

6. 未按规定在指定时间上交统计报表。(-5分)

7. 未严格执行大堂开关灯制度。(-5分)

8. 未检查出报表中的错误。(-3分)

9. 未检查员工的仪容仪表或未对员工的仪容仪表起到督促作用。(-2分)

10. 未做出每日拜访记录及查房记录。(-3分)

11. 大堂区域有领导或贵宾出现，未及时向上级领导汇报。(-3分)

12. 对差异房态未查清原因，为客人提前结账。(-2分)

注：后面括号为前面工作失误时扣掉的绩效考核分数。

四、服务标准化的实施成效

（一）价值服务的理念初步建立

泉城大酒店以客人为中心，以价值服务为本，服务于客人开口之前，为客人提供"满意加惊喜"的服务，坚持持续改善和创新的理念初步建立，大大节省了工作时间，提高了工作效率。

餐饮部制定了一套完善的顾客服务体系，记录经常来店用餐客人的消费记录、喜好禁忌、饮食习惯、顾客反馈等，形成酒店与顾客间的良好互动，以顾客为导向，提升客人满意度。销售部每月将"酒店长住客（3天以上）满意度反馈统计表""顾客意见""顾客投诉""顾客网评"以电子邮件的形式发送到各相关部门，各部门分析顾客的满意度，掌握顾客的基本情况，并对问题进行整改和完善。

（二）长效的激励机制已初步建立

泉城大酒店对标准化实施情况采取管理人员现场巡查、顾客服务质量评价等方式，对工作人员进行督导、检查、考评，每月评选价值服务者，并发放持续改善奖。酒店开展一年两次的餐饮、客房技术比武活动，通过技术比武加强学习与交流，形成一种比、学、赶、帮、超的氛围，不断涌现技术能手。同时，标杆员工的评选有力地提升了员工的专业化水平，促进了高质量服务。此外，省市技术比武的选手还获得了"中式热菜""中式铺床""西式面点"第一名的好成绩。

（三）酒店管理质量有了大幅提升

通过贯彻标准化，泉城大酒店的管理目标在质量方面有了具体化和定量化的标准，使酒店各个岗位不仅有了明确且具体的质量目标和要求，还有了具体的服务标准、规范的服务流程，这些为酒店提升服务质量提供了科学的依据。

（四）建立成本意识

采购、安保、工程流程标准化和服务标准化的实施，严谨的管理和统一的意识的形成，增强了酒店实施节约管理、制度管理、能效管理产生的效果，降低了酒店的营业费用、管理费用、财务费用和培训费用，从而降低了运营成本，减少了服务过程中的资源浪费和流失现象，酒店的费用率较同期有所下降。

但是，从创建标准化试点工作的目标和效果来看，目前泉城大酒店的标准化工作还需进一步完善和发展。首先，由于酒店的管理缺乏科学、有效的系统工具，较国际知名酒店而言，标准化工作任重道远，标准化体系在实施中还需进一步充实和完善，运行记录和检查记录等相关记录需要进一步系统化、规范化。其次，由于标准化实施时间不长，标准化工作宣传力度不够，员工的标准化意识不足，仍需借助旅游局检查契机和严格的奖惩机制，将服务标准化落到实处。再次，服务标准化流程理论需要加大贯彻落实力度，真正成为各岗位、各员工的常态工作内容。最后，各部门的专业化操作、标准化管理与行业先进企业相比还存在较大差距，尚需提高和完善。

目前，泉城大酒店已制定标准化规章制度602条，其中服务标准化体系通用基础标准61条、服务保障标准129条、服务提供标准403条、服务评价与改进标准9条。

第四章　酒店服务业的持续改善

第一节　持续改善的概念及方法

酒店服务业实施标准化之后，就可以引入持续改善的机制了，标准化与持续改善是精益管理的两个车轮，通常标准化在先，持续改善在后。

"持续改善"（Kaizen）这一术语由日本持续改进之父今井正明在其著作《改善——日本企业成功的关键》中首次提出。当前，持续改进已成为精益管理的核心概念，意指不间断地、循序渐进地对工作进行优化，即"连续不断地改进和完善"。

持续改善对于企业而言，意味着对各个领域或岗位进行不断的优化与完善，从而实现整体盈利能力的提升。这一理念经过多年实践验证，当企业坚持不懈地推行渐进式改进，必然能带来管理水平的显著提升，最典型的案例就是丰田公司。

持续改善这种方法到底适不适合酒店服务业呢？泉城大酒店特别前往日本，对这种管理模式进行了细致的观察和学习。通过详尽的调研和分析，酒店管理层认为，只需对"持续改进"的理念进行适当调整，它便能有效地融入酒店的经营和管理实践中。2012年年初，泉城大酒店与佳悦酒店率先启动了全员参与的"酒店持续改善"活动。经过一年的精心实施和不断完善，"持续改善"的理念不仅深深植根于每位员工的心中，更成为推动酒店持续发展的关键动力。

持续改善是一项长期工作，在企业中推行要注重机制建设，不能当作短期活动，比如为期一周、一个月的"闪电"式的活动。

持续改善活动的目的是使企业具备高效的问题解决能力和自我持续改善能力，进而形成人人参与的企业文化，让个体提高的同时，为企业带来改善的成果。

一、持续改善的步骤

持续改善活动该如何开展呢？从具体操作层面来看，员工首先需细致审视自身的工作流程、成果及客户满意度，精准识别其中的不足、问题或浪费，并翔实记录。然后，深入分析现有方法的缺陷，激发创新思维，提出切实可行的改进方案，并周密地制订实施计划。最终，有序推进改善计划的落实，在实施完成后进行全面评估，并再次对服务过程和结果进行细致审视和评估，再次发现不足和浪费。持续改善流程，如图4-1所示。

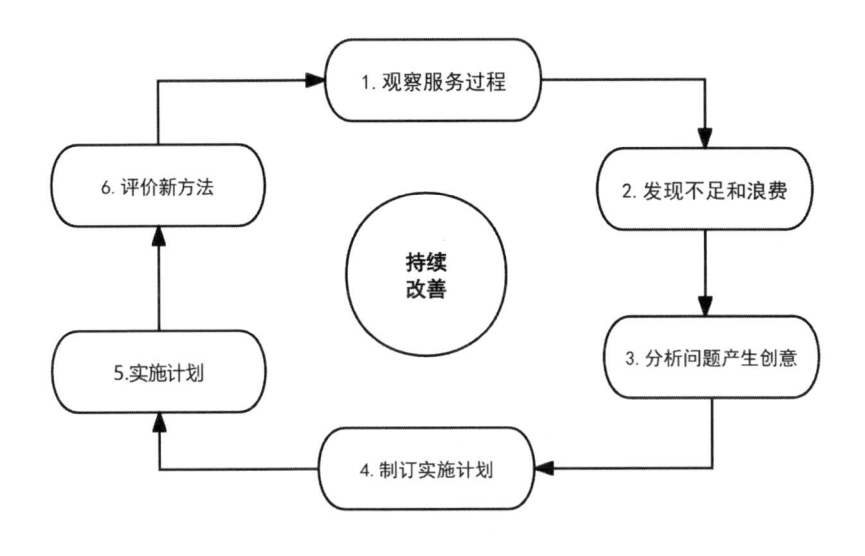

图 4-1　持续改善流程

二、实施持续改善应遵循的原则

酒店服务业历来以标准为导向，员工虽接受标准作业流程，却往往难以适应持续改进的要求。通常来说，既能坚持标准，又能持续改进，对于员工来说非常困难，因为两种截然相反的特质通常不会同时存在，为此，我们需要确立一些简单易懂的准则来熏陶员工。

持续改善的七大准则如下。

第一，丢掉对工作、工艺流程原有的僵化看法。

第二，思考如何将事情付诸实践，而非寻找推托的借口。

第三，不找借口，勇于质疑现有方法。

第四，不必苛求完美，只要方案达到60分，马上付诸实施。

第五，立即纠正错误。

第六，排除障碍，寻求解决方法。

第七，集合大家的意见，而不仅仅是个别人的主意。

三、持续改善的手段

持续改善是一个包括计划（Plan）、实施（Do）、检查（Check）、纠正（Act）的过程，目的是通过改进帮助企业持续提升服务质量和服务效率，降低服务成本和服务风险。

PDCA是改善的基本方法和手段，通常这四个阶段中包含8个执行步骤，如图4-2所示。

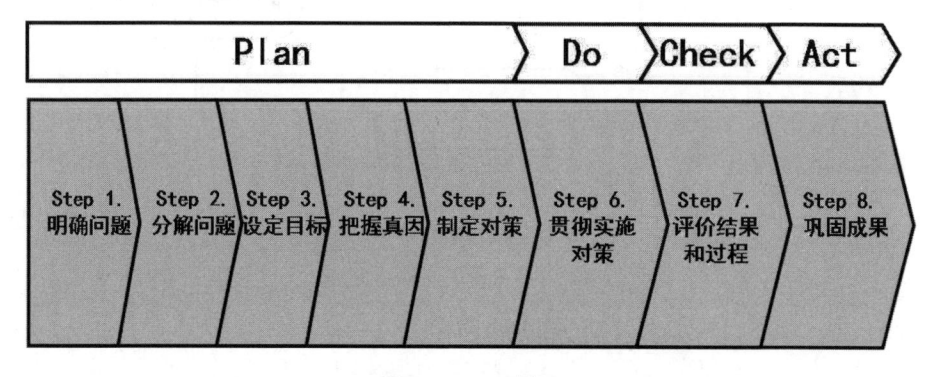

```
Plan                              Do    Check    Act
Step 1.  Step 2.  Step 3.  Step 4.  Step 5.  Step 6.  Step 7.    Step 8.
明确问题 分解问题 设定目标 把握真因 制定对策 贯彻实施 评价结果    巩固成果
                                            对策     和过程
```

图 4-2　PDCA 循环

对于酒店服务业来说，由于员工的学历偏低，因此要对PDCA进行简化，确保员工易学易知、易懂易用。在长期实践过程中，我们总结了以下几点。

（一）计划（Plan）阶段

1. 明确目标和问题

确定改进活动的具体目标和预期效果，如提高客户满意度、降低投诉率等。识别存在的问题和不足，收集相关数据和反馈信息。

2. 制订改进计划

制定具体的改进措施和方案，包括改进内容、时间节点、责任人等。制订详细的实施计划，确保改进措施有序进行。

（二）执行（Do）阶段

1.实施改进措施

按照计划，组织相关人员进行改进活动的实施。确保改进措施得到有效执行，及时调整和改进实施过程中的问题。

2.收集数据和信息

在实施过程中，持续收集相关数据和信息，如客户满意度调查、员工反馈等。对收集到的数据和信息进行分析和整理，为后续的检查阶段提供依据。

（三）检查（Check）阶段

1.评估实施效果

根据收集到的数据和信息，对改进活动的实施效果进行评估。分析实施效果与目标之间的差距，找出需要进一步改进的地方。

2.总结经验教训

总结实施过程中遇到的问题和挑战，分析原因并总结经验教训，为未来的改进活动提供参考和借鉴。

（四）处理（Act）阶段

1.制订新的改进计划

根据检查阶段的分析和总结，制订新的改进计划和措施，确保新的改进计划符合企业的战略目标和市场需求。

2.持续改进和优化

将新的改进计划纳入企业的日常管理体系中，确保持续改进和优化成为企业的常态。鼓励员工积极参与各项改进活动，提高整个企业的服务水平和竞争力。

第二节 持续改善的实施方案

泉城大酒店将持续改善视为企业日常运营的核心任务，通过优化管理机制和实施绩效考核，有效激发了员工积极参与的热情。自2015年起，人均改善件数逐年攀升：2015年人均年改善数量达到1.3件，2016年增至2件，2017年更是提升至4件。这一系列成果对于一家酒店服务企业而言，实属难能可贵。

启动并持续推动改善活动，营造声势至关重要。泉城大酒店在开展该活动初期，投入了大量精力进行广泛宣传和系统培训。图4-3是泉城大酒店推进持续改善活动的宣传内容，供大家参考。

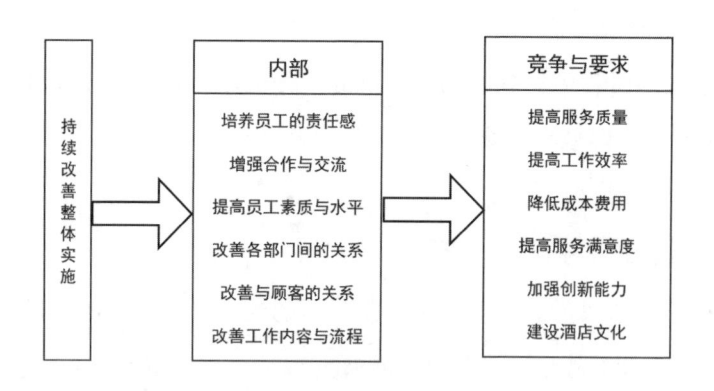

持续改善整体实施 → 内部（培养员工的责任感／增强合作与交流／提高员工素质与水平／改善各部门间的关系／改善与顾客的关系／改善工作内容与流程）→ 竞争与要求（提高服务质量／提高工作效率／降低成本费用／提高服务满意度／加强创新能力／建设酒店文化）

图4-3 泉城大酒店推进持续改善活动的宣传内容

一、持续改善的组织与运行机制

（一）持续改善的管理机构与职责

泉城大酒店拥有一个核心的持续改善管理机构，该机构由总经理授权，专门成立以酒店质检部为核心，由多个部门负责人参与组成的持续改善领导小组,并设立相关组织流程,该操作流程从公司层面规范了持续改善实施的方法,如图4-4所示。

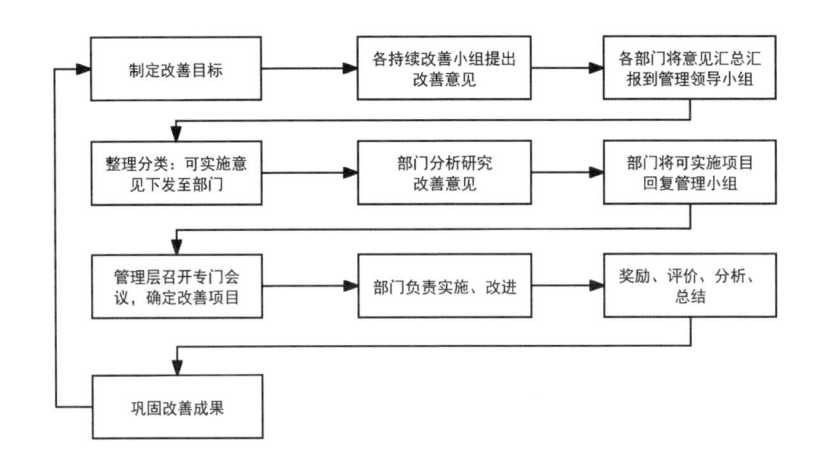

```
制定改善目标 → 各持续改善小组提出改善意见 → 各部门将意见汇总汇报到管理领导小组
    ↑                                              ↓
整理分类:可实施意见下发至部门 → 部门分析研究改善意见 → 部门将可实施项目回复管理小组
    ↑                                              ↓
管理层召开专门会议,确定改善项目 → 部门负责实施、改进 → 奖励、评价、分析、总结
    ↑                                              ↓
巩固改善成果 ←─────────────────────────────────────┘
```

图4-4 持续改善操作流程

明确持续改善领导小组的职责,具体包括以下几个方面。

第一,提出持续改善的方针、策略、主要目标和总体指导思想。

第二,为持续改善提供必需的资源,包括培训资料。

第三,制订持续改善的计划,并组织实施。

第四,监督、协调各部门的持续改进工作,并提供相应的保障措施。

第五,对持续改善的成果进行分析、总结、评价、奖励。

第六,接受员工的意见和建议,并将其及时反馈给相关部门,督促落实。

第七,定期对持续改善活动进行评审,以寻求不断改善的机会。

泉城大酒店的基层持续改善组织就是持续改善小组。持续改善小组是在员工自愿的原则下,以各部门为单位,由岗位工作相同、相似或上下游的员工,以小组的形式组织起来,通过定期会议及其他活动进行持续改善的一种组织。

持续改善小组活动塑造了酒店的活力,犹如将涓涓细流汇集成滔滔江河,显著提升了服务品质。持续改善小组活动效果,如表4-1所示。

表4-1 持续改善小组活动效果

酒店	提升服务质量,提高工作效率,减少浪费,降低成本,解决服务质量问题
员工	提高士气,改进工作态度,改善人际关系,改进管理,增强归属感,发掘人才,提高技能,加强员工团结,增强工作满意度,丰富员工文化生活

(二)持续改善的运行机制

持续改善强调全员参加,强调自发性和主动性,因此,如何组织和发动至关重要。酒店服务业应充分利用机制的力量,激发员工积极性,主动投身于持续改善活动。具体实施方法可分为两种:一种是自上而下式的改善,即由高层领导发起并主导推进;另一种是自下而上式的改善,由基层员工提出倡议并主动落实。这两种方式各有优势,唯有相互融合,方能最大限度地发挥其效能。

1. 自上而下式的改善

酒店应每年进行一次年度持续改善项目的策划,并形成持续改善计划,该计划既可以单独成立,也可以作为年度战略地图拆解计划的组成部分。

具体步骤:首先,酒店应设定持续改善的目标,并针对目标设计总体推进计划,以客户满意为导向,围绕当前经营现状,寻找瓶颈问题、痛点和难点,确定持续改善项目。其次,以改善项目为中心,组建改善项目小组,确定小组负责人,完善授权相关机制。最后,项目按照既定计划实施,以半年为周期进行评估和总结,对改善效果进行分析,识别改善过程中的不足之处,围绕主题持续改进。持续改善运行逻辑,如图4-5所示。

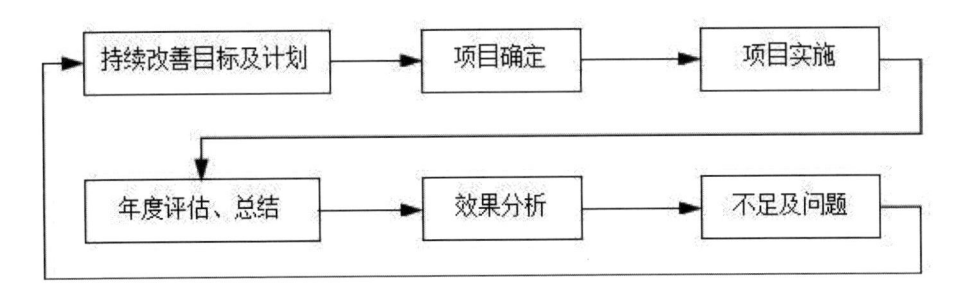

```
持续改善目标及计划 → 项目确定 → 项目实施
                                    ↓
年度评估、总结 ← 效果分析 ← 不足及问题
```

图 4-5　持续改善运行逻辑

以 2013 年泉城大酒店持续改善目标为例，当年酒店的主要项目有：一是服务质量应完全达到并保持四星水平；二是管理水平要高于 2012 年；三是员工岗位胜任能力要达到 95 分；四是能耗费用要比 2012 年降低了 1.5 个百分点；五是菜品质量满意度保持在 90% 以上。

2. 自下而上式的改善

为确保持续改善工作的顺利进行，酒店还需要专门制定一套自下而上高效运转的保障机制。合理化建议制度就是一种自下而上式的持续改善机制。任何员工若有好的改善建议，都可以直接向决策层提出立项申请。一旦建议被采纳，即可推动相关部门快速实施。决策层也可以通过合理化建议制度，实时掌握基层动态，确保信息沟通渠道通畅高效，实现下情上达。

酒店自下而上式的持续改善活动，亟须制定相应的标准操作程序，具体程序包括以下几个方面。

第一，员工发现问题，选定可以改善的主题。

第二，员工对问题进行分析，确定改善方法。

第三，员工扫码登录合理化建议平台，将问题和改善方法录入系统。

第四，酒店精益办公室整理合理化建议，定期组织召开评审会。

第五，根据评审结果，将所采纳的建议转交给相关部门执行。

第六，相关部门向精益办公室反馈改善完成时间，并进行公示。

第七，精益办公室按照时间节点验收改善成果，并发放相关奖励。

表4-2是泉城大酒店持续改善工作计划表，供大家参考。

表4-2　泉城大酒店持续改善工作计划表

持续改善要点	活动内容	责任人	完成日期	效果
1				
2				
3				
4				
5				

（三）构建持续改善的企业文化

持续改善是一种思考和行动方式，是"酒店大家庭"中的个体推动整体进步的一种工作方法。通过持续改善，酒店提升了服务质量，提高了流程效率，进而提高了顾客满意度。提出合理化建议是每个员工的本职工作，每名员工都应自主思考可能的改进点，不断减少浪费或降低成本，所以持续改善是一种文化。持续改善文化的内核是什么？基于泉城大酒店的实践经验，我们得出以下结论。

1. 顾客需求至上

持续改善的最终目的是让顾客满意，所以要关注顾客的需求。我们要坚持改善活动来源于客户不满意，改善效果要让顾客更满意。

2. 尊重员工的创新精神

尽管持续改善与改革创新有所不同，但两者都蕴含了改革创新的元素。在持续改善过程中所采取的措施，并不都是既定的方法，如文件规定或习惯形成的，它往往是首创的或独创的，是我们未曾采用过的。正因如此，管理层会给予支持和鼓励，以持续激发员工的创造性。

3. 平等、协作的团队文化

持续改善要求全员参与和全面改进，平等、协作的团队文化是不可或缺的。全员参与需要企业承认每位员工在某方面都具备独特的能力，能够通过改善活动做出特殊的贡献，在改进面前人人平等。一项改进，往往会需要很多部门交流与合作，方可完成。当前，企业中存在的很多问题就是由于缺少跨部门、跨职能的协作合作，导致改善活动障碍重重。

4.精益求精的价值观和文化

在持续改善过程中，员工从客户角度出发，不断地发现问题、解决问题、调整认知，视改进为每个人工作的一部分，这样的行为将逐渐演化为精益求精的企业价值观。精益价值观通过让每个流程上的员工都具备经营性思维，使企业的经营随着市场变化而不断变化，这种适配性让企业在市场中如鱼得水，保持不败，从而不断强化企业的精益文化。上述价值观和文化的形成，有赖于组织内各级管理者对持续改善活动的积极参与和精心培育，一旦形成，它将成为组织最核心的竞争优势。

第三节　持续改善的案例分享

一、泉城大酒店的持续改善工作

泉城大酒店在持续改善方面的实践尤为系统化。酒店管理层精心制定了全面的持续改善工作方案，将这一理念深入贯彻到员工及岗位的日常管理之中，并将实施结果与奖惩机制相结合，以确保持续改善活动能够长期、有效地推进。

二、泉城大酒店的持续改善工作介绍

（一）持续改善制度设计

一个组织的新活动往往是从制度颁布开始的。以下是泉城大酒店的持

续改善制度,供大家参考。

1. 持续改善制度的具体内容

为了贯彻落实集团的双千亿战略目标,实现酒店的可持续发展,酒店决定开展"持续改善"提案工作。持续改善是指对企业不同领域或工作岗位所做的不断的改进和完善。它以"价值服务""扩销增效""杜绝浪费"这三点作为突破口,并以"五常法"作为工作基础(如图4-6所示),不断完善、突破和创新,从而达到持续发展的目的。

价值服务:以顾客满意为中心,合理地运用所有智能、资源和手段,以价值服务最大限度地满足顾客的需求。

扩销增效:以市场需求为核心,立足客户需求,依托酒店现有产品,借助多元化的营销策略,拓宽销售渠道,提升效益。

杜绝浪费:摒弃一切对人力、物力、财力等资源的不合理使用。

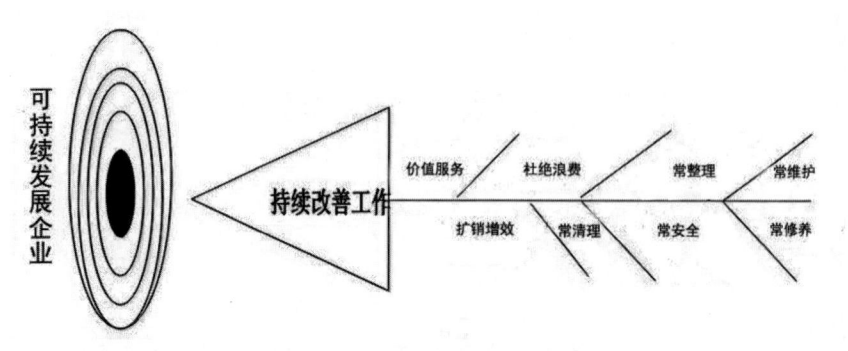

图4-6 持续改善五常法示意图

泉城大酒店在发展过程中,伴随着产品的多样化、规模的扩大化、运营的系统化,以及人员和岗位的精细化管理不断深入,酒店各部门、各岗位、各流程等出现了各种各样的问题。为此,酒店需要适时整合现有的管理体系、优化现有的工艺流程、完善现有的产品。

持续改善,首先,要摒弃对工艺和流程固有的刻板观念,多考虑怎样做事情,多问为什么,并寻找真正的原因。其次,要实事求是,尊重科学管理的原则，大力推行全员参与，确保工作的持续化、常态化、制度化，以期达到持续改善和优化工作的目的。

持续改善，以"五常法"（即常整理、常清洁、常维护、常安全、常修养）为中心，以价值服务活动方案为参考依据，实行全员参与、全员自检、全员优化。

2.持续改善制度的实施方法

鉴于酒店部门、岗位、流程和工作的多样性，控制标准较为复杂，可控性难度较大，故暂缓执行统一标准。各部门的持续改善活动将由各部门自行组织，并自行审核后上报。

第一，酒店全员每人每月提供2条持续改善方案，各部门需进行汇总及备案，并且部门汇总的改善方案需在每月5日之前上报总经理。

第二，以班组为单位上报，领班收集，汇总筛选后报送主管，再次筛选后报送经理，筛选后报送部门负责人。

第三，部门负责人进行最后的审核和优化，形成完整的方案后上报总经理。其中，客房部、餐饮部每月应至少上报10条改善方案，其他部门每月至少上报4条改善方案。

第四，每月酒店管理层开展持续改善分析会议，对当月收集的改善方案进行汇总，深入分析其可行性，并对上月实施的改善方案进行追踪、反馈，评估其实施效果。

第五，酒店设有持续改善意见箱，酒店员工对自己所提的改善方案未被部门采纳的，可投递到意见箱。人力资源部会按月收集、统计、整理、甄选，并呈报至总经理。

3.持续改善制度的奖惩机制

第一，设立全面奖惩机制，未完成个人指标的人员每少一条扣考评2分，未完成指标的部门每少一条扣部门负责人考评2分。

第二，被部门采纳意见的员工，可以在部门范围内进行通报、表扬、学习，并进行增加考评分奖励，每实施一条增加考评2~5分。

第三，被总经理采纳的意见，经审核，具有一定可行性的，可以颁发"总经理特别奖"。

第四，在酒店每月的持续改善会议中，那些获得认可并成功实施其改进建议的员工，在酒店内进行全员表扬学习。

第五，经酒店管理层审核通过的改善意见，通过一段时间的实践检验，验证对日常工作有突破性改良，从而形成一种创新、科学、可持续性强的新工作模式的，酒店可以考虑根据提出意见的员工的姓名予以"冠名"新流程、新服务、新工艺等。

第六，各项奖励措施可重复享受。

（二）持续改善活动的开展过程

为了推动泉城大酒店的持续改善活动取得更大成果，酒店集思广益，动员全体员工积极参与各类专题活动，如安全周、质量月、成本季等，激励他们在当周、当月或指定的主题内寻找问题和解决方案。

视问题为财富，将问题变成财富。通过定期开展专题活动，酒店成功解决了节能、安全、成本、质量等多个领域的问题。例如，泉城大酒店2013年7月份的持续改善主题为"杜绝浪费，绿色经营"。酒店结合当时社会倡导的可持续发展的绿色理念，制定了节能降耗和绿色经营的主题。希望通过有效避免浪费，提高工作效率，以更低的运营成本取得更高的利润回报。因此，7月份的持续改善建议紧紧围绕"杜绝浪费，节能降耗"提报。员工提出了关于工作区域的灯光设施、通风设施、客用物品、酒水食品、电脑电视……运用杜绝浪费的思维，智慧地优化工作流程，取得了很多超乎预期的显著成果！

通过每月精心制定的持续改善主题，各部门能够有的放矢地发挥聪明才智，积极出谋划策、构思创意。同时，酒店对每月各部门提报的持续改善方案进行了细致的分类汇总，并定期组织小组会议深入讨论和总结。在不断地改善与总结过程中，积极探索并落实切实可行的实施方案。

（三）持续改善的成果和优秀案例

持续改善活动一经启动，便在员工层面引发了积极的化学反应，取得了显著的成效。我们将从两个层面进行详细阐述：首先是泉城大酒店在整体上所取得的成果，其次是微观层面上的具体优秀改善案例。为保留其真实性和原汁原味，我们直接引用了企业内部的总结材料。

1.7月持续改善数据汇总及总结

如表4-3所示，××××年7月泉城大酒店持续改善提报工作已经结束，两个月总计甄选上报97项建议，已实施62项，实施率为64%。酒店经过两个月的持续改进，酒店全员共思考、共奋进、共改善，逐渐形成共同打造可持续发展的良好氛围。其中不乏一些贴近日常工作的小点子，点子虽小，但效果很显著。

例如，客房部自己动手改制部分报废的被套，将报废的被套裁成两片，干净的一面重新做成床单，8月份改制20张床单，按每张床单150元计算，节约费用3000元。餐饮部利用当餐闲置的泉城厅，临时增设零食小桌，精准满足了少数房客的个性化需求，提高了营业收入。工程部多次对洗澡水末端进行检测，制定了循环水泵4段9小时运行制度，同比减少运行时间15小时，日节约电能165度，每月节约费用约4200元。财务部设立了专职的砍价员，对数额较大的采购项目进行二次砍价，最大限度地降低采购成本。员工餐厅水管使用频率较高，许多水龙头存在滴水现象，维修较为烦琐。如果发现滴水的水龙头，立即套上胶皮管将水引流至桶中，待后续维修处理。此举既能有效节约水资源，又不妨碍日常工作。

类似建议比比皆是，酒店上下齐心协力、各司其职、踊跃提报，每一项建议看似微不足道，但这些平凡的小点子却一点一点积蓄着力量，只要矢志不渝地坚持着，定会汇成长江大河。

表 4-3 ××××年泉城大酒店6、7月份持续改善汇总

部门	6月		7月		平均实施率
	提报件数	实施件数	提报件数	实施件数	
营销部	7	4	12	7	58%
客房部	23	12	10	10	67%
餐饮部	10	5	18	13	64%
财务部	4	2	13	9	65%
总计	44	23	53	39	63%

2. 某月持续改善优秀案例

持续改善会给企业创造财富，是一种积极向上的文化。因此，我们特别选择了泉城大酒店的一些优秀持续改善案例，供大家参考和分享。

(1) 厨房对每个空油桶进行半小时的倒控处理，实践证明，150个空桶可回收半桶油。

(2) 旧浴袍经制服室精心改造，变身为实用浴袍腰带。

（3）将金钥匙学习中应用的E-con系统带回，并与前台团队共享，为顾客量身打造个性化行程，并通过二维码形式发送至顾客手机，使其能够便捷查看我们精心编辑的商家运营信息，并享受导航服务。

综上所述，这些举措有效提升了我们服务的特色化和专业化水平。

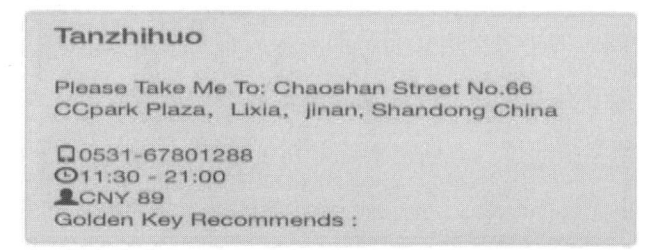

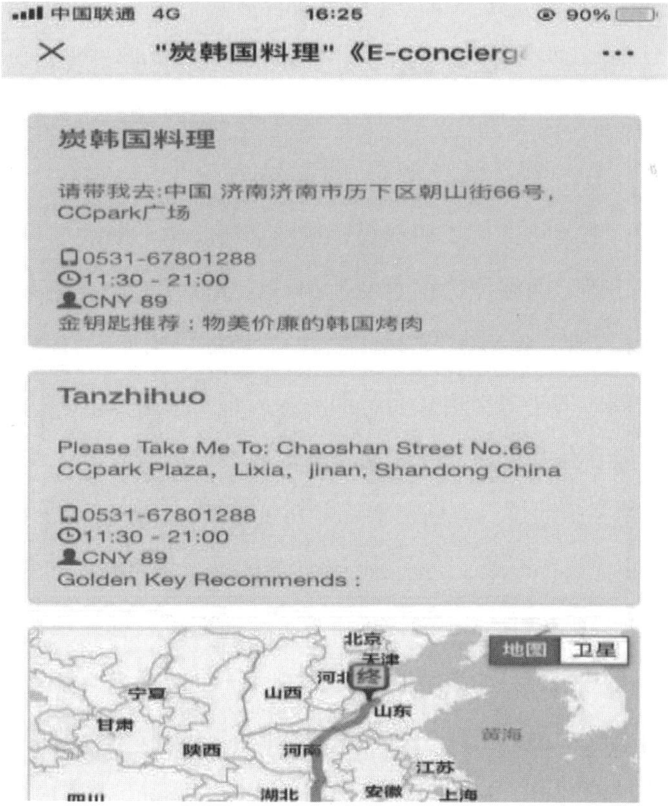

三、持续改善下精益文化的形成

海尔集团张瑞敏先生曾言,企业文化应秉持"自以为非"的理念,通过自我竞赛,实现持续进步。泉城大酒店通过持续改善,把不同部门、班组的员工凝聚在精益思想下,通过定期对改善提案的管理,对优秀改善人员的张榜公布、公开表扬,让改善文化深入人心。

持续改善实施一段时间后,在员工间引起强烈反响,各小组、各岗位、各部门纷纷提报相关利于提高服务质量、节能降耗的各项举措,并且从思想上认可和推崇这一理念,通过编写心得感悟、深刻体会等方式加深对理念的理解。此外,通过投稿机制,员工将自己的心得感悟和体会分享给大家,不仅给大家提供一个学习和交流的平台,更有助于提升员工的参与积极性,同时更好地宣传和推广了持续改善活动。

员工的感悟常常映射出一线服务人员的真实心路历程,以下附录两篇,以飨读者。

(一)关于可持续改善的心得体会

最近,上善坊的员工们都迷恋在网上写评论,细问才知道,原来是给上善坊写好评。网络作为信息交流的一个重要平台,具有较大的影响力。作为酒店本月"扩销增效"的措施之一,大家正不遗余力地去尝试。

作为酒店的一名员工,自从酒店大力推行可持续改善建议以来,我们每一个人都心有所想、行有所动。从工作中总结经验,吸取教训,从而提出合理化的实施建议。有些已实施并初见成效。虽然并不是什么宏伟大略,但是每一项建议都凝聚了大家的心血,融入了大家对酒店的爱。

无论是节能降耗,还是扩销增效,这些建议大都体现了"细节决定成败"这个道理。我们从细节入手,从一点一滴做起,既容易付诸实践,又容易看到成效。例如,我们设立食品回收盒,回收完整的鸡蛋、水果,以及未使用过的纸巾,这些可回收利用的食品、物品,我们绝不会随垃圾一起倒掉。在我们友善地提醒客人"请勿浪费"的前提下，如果还出现浪费现象，那么以上措施的施行效果将十分显著。后厨"空桶滴油""单管灯替代双管灯"等措施都是很好的节约成本的建议。长期下来，酒店成本控制的成效是显而易见的。

其实，"可持续发展"是一个广义的概念，有些看似"隐性"的改善意见，其效果也十分不错。如我们的仪容仪表，每天检查三遍，餐中抽查。这和可持续发展的意见有关联吗？当然，整洁的仪容仪表和整个酒店的环境是融为一体的，它是我们给客人的第一印象。试问，一个妆容暗淡、衣着不整的服务人员能给客人好感吗？能以一个好的精神面貌给客人服务吗？

此外，我们在服务用语的改进方面也收到了不错的效果。例如，我们在送客人离开的时候，会友好地说一句："先生（女士），是为您按一下电梯，还是走楼梯？只有一层。"据我们观察，大多数客人都会选择走楼梯，我们分析了一下，原因有两点：一是客人不愿等电梯，二是只有一层的距离。这样一来，收益显而易见。既节省了电费，又延长了电梯的使用寿命，还缩短了需要等电梯客人的时间。语言的力量是伟大的，我们各个部门编写的服务用语顺口溜，字字凝练、句句经典、好记易懂，应用到工作中，得心应手。

最近，上善坊利用午休时间培训交流"如何做好今年月饼销售"的方案，大家献计献策、激烈讨论，组织专业的销售语言，制定销售策略、奖励措施。大家相互鼓励、加油，争取圆满完成任务。

进入员工文化长廊，经常可以观察到许多员工正密切关注"可持续改善"项目的最新进展，同时也能听到他们分享学习的心得体会。当看到这些良好建议正为酒店的发展带来效益时，我们的内心无比自豪。我们真正感觉到，即使是一名普通员工，也可以参与酒店的管理，不再只是按部就班地工作。我们的创造力、想象力，都能为酒店的发展做出更大的贡献。

这就是作为酒店主人公的真正感受。一个充满活力的集体成就了一个激情四射的团队，我们将更加努力为这个大家庭奉献力量。

(二) 持续改善的感悟

酒店自6月份展开价值服务和持续改善活动以来，酒店全体员工在自己的岗位上，根据各自的具体情况，提出了许多合理化建议。我认为这些建议对酒店的发展肯定会起到一定的作用。

首先，员工想到的是急需改善的方面。例如，我们的佳悦后院车棚的卫生状况，一直以来困扰着大家。污水遍地，特别是下雨的时候根本无法进入，导致自行车和电瓶车都堆在一起，给员工的出行带来很大的不便，大家怨声载道，工作情绪也受到一定的影响。自从大家提出建议以后，酒店很快为大家及时解决了这一难题，现在的卫生状况有了很大的改观。全体员工上下班的心情也舒畅了许多。

其次，我们每个人都能从自己的岗位出发，力所能及地为酒店节约每一滴水、每一度电。就以我们服务中心的借用物品来说，只要是客人需要的我们就有。由于客人不能按时归还，虽然我们做好了交接工作，但流失情况仍然严重。于是，我们采取了对物品进行售卖和收押金的形式，并制定了相关的标准术语，做好对客户的解释。这不仅有效节约了成本，还带来了一定的收益。然而，这种方式对我们的服务工作提出了更高的要求。

同时，我觉得我们的经济效益与服务水平有着紧密联系。只要是客人需要且合理的服务我们都应该提供。例如，自酒店票务中心撤销以来，我们酒店的票务服务一度陷入困境，导致客人购票问题悬而未决，引发了众多不满。最终，商务中心承担起这一重任。起初，我们既缺乏售票经验，又无出票系统支持。随后，我们联系了离酒店较近的票务中心，与之建立了合作关系。我们负责为客人查询票务信息，对方则负责送票，并且我们不向客人收取任何额外费用。如此一来，便满足了客人在酒店购买机票和火车票的需求，客人对此均表示满意。正是我们提供的优质服务，在很大程度上留住了客人，为酒店带来了显著的经济效益。

我认为酒店推行的持续改善活动极为出色，这对酒店的长远发展大有裨益。然而，酒店的发展同样离不开全体员工的齐心协力。我们定会全力配合酒店，尽职尽责地完成本职工作，并期望我们的辛勤付出能够获得应有的回报。衷心祝愿我们的酒店蒸蒸日上！

四、持续改善的长效机制

泉城大酒店将持续改善工作作为一项持续化、常态化的工作模式。为此，酒店构建了完善的管理体系，旨在通过"点面"结合的全员创新模式，持续提升服务质量和盈利能力。以下为泉城大酒店在持续改进实施一年后，制定的长效工作机制文件。

（一）确定了持续改善的组织

设立了持续改善领导小组，由总经理担任组长，副总经理担任副组长，各部门负责人担任组员，人力资源部作为常设办公室。

（二）确定了具体操作程序

1.酒店全员每人每周提供2条持续改善方案，各部门需进行汇总及备案，各部门主管进行统计汇总，先报经理进行审核筛选，再报部门负责人进行审批整理，最后部门汇总的改善方案需在每周四之前报人力资源部汇总。

2.每周各部门均需提报持续改善方案，并将依据各部门的实际情况进行筛选，确保每周各部门至少有1条可执行的改善方案。

3.提报意见需要符合提报范围和要求，既可以是尚未付诸实践的创新想法，也可以是已经实施或正在推进的建议，甚至包括当月所完成的价值服务案例等。大家可以集思广益，发散思维，共同完善工作。

4.人力资源部将各部门上报的持续改善方案，按各精益小组分类。

5.人力资源部负责对每周各部门提报的改善意见进行汇总，分析其可行性，并对上周的改善方案进行追踪，及时反馈实施结果。

6.经过审核并实施的方案,将通过照片、影像资料、数据统计对比等方式进行记录与分析。

(三)明确了提报建议的要求

1.提报建议分为已实施并完成的改善、正在进行还未完成的改善、建议三个方面。由人力资源部负责整理每周正在进行还未完成的改善、建议,并将汇总结果通过电子邮件的形式反馈给各相关部门,各部门负责人需在3个工作日内将建议反馈回复人力资源部。收到反馈后,人力资源部将在3个工作日内完成分析并汇总。每月底,人力资源部对本月未完成的改善或建议进行汇总,并跟进监督,直至实施完成。

2.持续改善会议的定期召开,包括分析持续改善各项数据、本月持续改善问题及解决措施、各班组持续改善亮点等。

3.持续改善先进的评选。每月15日之前,需将上月各部门提交的持续改善建议进行汇总,并编制成册。随后,由总经理及各部门总监对建议进行评分,评分标准分为5分、3分、1分三个等级。最终,由人力资源部负责汇总评分结果,并将其存档备查。

此外,人力资源部还需汇总上月的持续改善评选情况,并评选出持续改善一等奖5条、二等奖10条、三等奖15条,以及优秀小组3名。评选结果的原始凭证须保留3个月。

(四)关于奖惩措施

员工提出的改善方案一旦被部门采纳,将在部门范围内进行通报、表彰及推广学习,并给予加考评分奖励,每采纳一条改善方案,加考评2~5分。

被总经理采纳的改善方案,经审核具有一定可行性的,可以颁发"总经理特别奖"。若改善方案被集团采纳并推广,将奖励500元,并视情况晋升工资。另外,上报改善方案以班组为单位进行考核奖励,考核奖励时将综合考虑上报数量以及被采纳的数量和质量,作为评选年度优秀班组的重要指标。

在酒店每月的持续改善会议中，获得认可并采纳其改进方案的员工或精益小组，将在酒店内部进行全员表彰与学习，并在员工长廊进行张贴宣传及经验分享。

经酒店管理层审核通过的改善意见，通过一段时间的实践检验，验证其对日常工作有着突破性改良，从而形成一种创新、科学、可持续性强的新工作模式的，酒店可以考虑根据提出意见的员工的姓名予以"冠名"新流程、新服务、新工艺等。

上述制度的实施为泉城大酒店的持续改善保驾护航，确保了企业在较长的周期内持续修炼自己的精益品质。

五、持续改善的总结

自2012年下半年起，历时将近两年时间，泉城大酒店全体员工经过不懈努力，共收集和制定酒店通用基础标准61项，制定、修订服务保障标准129项，服务提供标准403项，服务评价与改进标准9项，实现了各环节的"有法可依，有章可循"。同时，在主要营业区域，通过设置可视化的服务环节标准看板，精准指导员工为顾客提供优质的服务。通过全面深入的标准化，泉城大酒店不仅初步形成了优质服务的理念，节省了工作时间，提高了工作效率，而且初步构建了长效的激励机制，形成一种"比、学、赶、帮、超"的工作氛围，不断涌现技术能手。在集团技术比武中，酒店选手分别获得了"中式热菜""中式铺床""西式面点"第一名的好成绩。

第五章　持续改善的本质：价值服务

持续改善的本质是什么？就是给顾客提供更好的服务价值。服务价值是指企业全体员工在与合作伙伴或服务对象交往过程中所体现的为其提供热情、周到、主动的服务的意识和做法。服务价值体现了酒店工作的最终结果，这一切源自服务人员的内心，体现在每一个具体流程和动作中。

第一节　价值服务的内涵

价值服务就是给客户服务带来的满意度减去客户支付的费用所期望带来满意度的差值。如果价值服务为正，意味着服务满意度超过了预期；如果服务价值为负，则意味着服务满意度低于客户预期。价值服务决定了客户的重复购买或者流失。关于顾客是怎样流失的统计数据显示，七成左右的客户流失缘于他们感觉到服务人员对其需求的漠不关心。作为服务人员，要时刻注意客户的需求，提供超出客户期待的服务，也就是说提供正向的客户价值。价值服务的高低，直接关系着酒店的生存和发展，关系着酒店的声誉和经济效益，是决定酒店经营成败的关键所在。

一、酒店价值服务的要素

酒店价值服务的要素可归结为服务态度与情感连接、专业技能与时刻准备两大维度、五大要素。通过真诚的微笑、尊重的态度、真诚的关怀，以及精湛的业务技能和充分的准备，酒店能够构建出超越顾客期望的服务体验，实现正向的客户价值。这不仅关乎酒店的声誉和经济效益，更是酒店生存和发展的基石，它决定了顾客的忠诚度和重复购买意愿，是酒店经营成败的关键所在。

（一）服务态度与情感连接维度

1. 微笑服务

在酒店日常运营中，微笑作为最直观的情感表达方式，是每位员工迎接顾客的必备礼仪。它不受时空和情绪的限制，以最简洁的形式传递出酒店的热情与欢迎，是构建良好第一印象的关键。

2. 重视与尊重

将每位顾客视为独一无二的尊贵存在，无论其外表或消费水平如何，均给予同等的重视和尊重。避免以貌取人的偏见，深刻理解并尊重顾客的个性化需求，确保服务过程中的每一个环节都体现出对顾客价值的深刻认同与珍视。

3. 真诚关怀

在面对面的服务当中，身体语言传达了60%的信息，因此服务人员应学会从顾客的身体语言来判断顾客的需求，并且强化把观察能力应用到为顾客服务的意识中。服务中的善于观察，揣摩客人心理，预测客人需要并及时提供服务，甚至在客人未提出要求之前，就能替客人做到，使客人倍感亲切。在顾客离开时，以发自内心的邀请与祝福，加深顾客对酒店的情感连接，留下深刻而美好的印象。

（二）专业技能与时刻准备维度

1. 业务精通

员工需全面掌握岗位知识和技能，不断提升服务技能和效率，确保在业务操作中达到专业水准。通过持续学习和经验积累，实现一专多能，以精湛的服务技艺满足顾客的多样化需求，提升酒店的整体服务质量和竞争力。

2. 充分准备

强调服务的预见性和主动性，要求员工在顾客到来前做好充分的思想准备和行为准备，包括房间整理、茶水准备等细节工作，确保在顾客需要时能够迅速响应，提供无缝衔接的服务体验，避免服务过程中的慌乱和不足。

二、酒店价值服务实施步骤

价值服务的实现需要分三步走，逐层递进。第一步是价值服务的基本要求，即规范化；第二步是服务的个性化定制，实现更高满意度；第三步是全面服务意识，实现客户至上。

1. 规范化——奠定情感和技能的基础

规范化是酒店价值服务的基石，它确保了服务的一致性和可靠性。科学合理的规范，源于"顾客至上"的服务理念，站在顾客的角度思考问题，确保每一项规定都能有效提升顾客的满意度。规范不仅是对员工行为的约束，更是实现高效、专业服务的保障。然而，规范并非刻板和僵化，而是要求员工在执行过程中保持灵活性，通过恰当的培训和指导，使员工能够在遇到特殊情况时，依然能够遵循顾客需求，灵活调整服务方式，实现服务的个性化和人性化。这种规范化的实践，正是"服务态度与情感连接维度"中微笑服务、重视与尊重、真诚关怀的基石,也是"专业技能与时刻准备维度"中业务精通和充分准备的前提。

2.个性化定制——深化情感连接和专业技能

个性化服务是酒店价值服务的灵魂,它体现了对顾客需求的深刻洞察和精准满足。在细节中彰显差异,在温馨中赢得忠诚。个性化服务不仅要求员工具备敏锐的观察力和预判能力,更需要在服务中融入对顾客的深切关怀和尊重。

通过细心观察顾客的言行举止,预测并满足其潜在需求,甚至在顾客开口之前便能提供恰到好处的服务,这种超越顾客期望的体验,正是"服务态度与情感连接维度"中真诚关怀的极致体现。同时,个性化服务也要求员工具备精湛的专业技能和丰富的知识储备,以便在顾客提出特殊需求时,能够迅速响应并提供专业解决方案,这正是"专业技能与准备维度"中业务精通的生动实践。

3.全面服务意识——实现情感、技能和管理的融合

全面服务意识是酒店价值服务的升华,它要求酒店全体员工将"顾客至上"的理念内化于心、外化于行,不仅体现在面对面的服务中,更贯穿于酒店管理的每一个环节。全面服务意识要求员工在面对顾客时,始终将顾客需求放在首位,无论顾客的身份和地位如何,都应给予同等的重视与尊重。

同时,全面服务意识也强调员工应具备高度的责任心和敬业精神,能够在遇到顾客投诉或不满时,以诚信为本,积极沟通,寻求解决方案,而不是推卸责任或逃避问题。这种全面服务意识的培养,不仅有助于提升顾客的满意度和忠诚度,更是酒店实现可持续发展、赢得市场竞争优势的关键所在。它将"服务态度与情感连接维度"与"专业技能与时刻准备维度"完美融合,共同构建了酒店价值服务的完整体系。

三、酒店价值服务实施的原则

结合泉城大酒店的价值服务实践,我们提炼了实施价值服务过程的六项原则,供大家学习和参考。

(一)原则一:标准化服务和个性化服务

我们致力于提供始终如一的高品质服务,这依赖于酒店统一的服务标准和工作程序。在遵循标准的基础上,我们鼓励员工预测并满足不同顾客的个性化需求,灵活调整服务方式,以超越顾客的期望,创造独特的价值体验。

(二)原则二:及时响应和提高决策效率

我们确保在顾客提出需求时,能够迅速做出响应和决策。这要求每位员工必须熟悉酒店的政策和程序,并具备强烈的责任感。管理人员应懂得授权,让下属有足够大的权限来处理出现的问题,以追求高效的服务响应和决策效率。同时,我们也将顾客满意度作为经营的主要驱动力,努力使每位顾客都成为酒店的回头客,通过积极、主动的态度来解决顾客的问题,提升顾客的整体满意度。

(三)原则三:高昂士气和员工激励

我们认识到员工士气对于提供价值服务的重要性。因此,酒店致力于创造一个有利于员工自我实现的环境,提供职业发展计划,通过交叉培训、鼓励沟通等方式激发员工的积极性和创造力,确保员工在工作中保持高昂的士气。

(四)原则四:真诚关怀和团队建设

在顾客和员工之间的所有互动中,我们坚持真诚和关心的态度。真诚是建立信任的基石,我们对业主、顾客、管理层、同事和自我均持真诚之心,通过关心体现我们的真诚和追求卓越服务的愿望。真诚和关怀不仅是个人品质,更是酒店团队凝聚力的源泉,有助于增进团队成员间的和谐和合作。

(五)原则五:社区融合和社会责任

我们积极融入当地社区,通过开放和友好的态度赢得社区的认可和支持。酒店致力于奉献社会,通过参与社区活动、支持公益事业等方式,提升酒店的社会形象,进而占领当地市场。

(六)原则六:创新精神和持续改进

我们鼓励创新思维,不断挑战现有的工作程序,寻求更完美、更高效的服务方式。酒店员工应具备冒险精神,积极寻找并实施新的服务方法,同时,我们也欢迎并认可来自员工的优秀意见和建议,以推动酒店服务的持续改进和创新。

第二节 价值服务的案例

泉城大酒店非常重视价值服务,在持续改善的同时,做了很多创新业务,既吸引了客流,提供了个性化服务,又实现了自身良好的经营效益。这些价值服务的具体案例虽较难借鉴和参考,但是背后的激励机制非常值得大家学习。

一、私人定制团圆宴

为了能给顾客带去"满意+惊喜"服务,2021年的除夕夜,餐饮部推出了私人定制团圆宴。

首先,需明确宴席主题——除夕夜团圆宴,并据此进行牛年主题沙盘的设计。确定主题后,宴会服务人员利用闲暇时间,着手打印字体、抠图、沙子上色等工作。团队成员分工明确,全神贯注,整个沙盘制作过程耗时两个半小时。

  随后，着手私人定制项目的制作，包括选定口布、餐巾纸、菜单和门牌。门牌设计上，选用金色纸张，先以金色喷漆喷涂白纸打底，再将金色底纸折叠，于红纸上以毛笔书写"府邸"二字，并粘贴于金色纸张上，以增强门牌的立体感，营造出浓厚的过年氛围。口布设计则针对主宾、二宾、主陪和副陪，分别制作藏头诗口布；餐巾纸则印制牛年祝福语。所有项目完成后，将团圆宴拍摄并剪辑成视频，发送给顾客。当晚，包房顾客抵达后，见到精心布置的定制化场景，无不惊喜交加，深受感动。

二、价值服务的长效机制

  泉城大酒店自2009年起，全面推行价值服务理念，通过近10年的实践探索，结合自身实际情况，形成了一套切实可行、行之有效的价值服务长效机制，包括实施、评选、奖惩等。这主要是为了调动员工的工作积极性，完美展现酒店的经营理念：以顾客的满意为中心，合理地运用所有的智能、资源和手段，以价值服务最大限度地满足顾客的需求。

  在管理分工方面，有如下要求：一是人力资源部负责月度价值服务评选规定的制定、修订和管理；二是人力资源部负责月度价值服务评选结果的汇总和存档。

  在评选标准方面，着重表彰那些用心服务的典范事例，致力于提供令顾客满意的个性化的、细致入微的、创新性的延伸服务，力求让客人感受到感动与惊喜。

  在评选方法及奖项设置方面，由个人将当天发生的服务案例于第二天提报至本部门，然后由部门指定人员进行汇总、整理和存档。各部门根据评选标准进行筛选后，欲推荐的候选人的优秀服务案例经部门负责人审核签字同意后，各部门于每周四前将其提交至人力资源部。各部门推荐的候选人的案例经人力资源部汇总后由总经理和各部门总监进行评定（部门负责人不给本部门所推荐的候选人评分），最终评选出月度优秀服务明星一等奖2名、二等奖8名、三等奖10名。根据工作岗位的不同，各部门每月需提交的服务案例数量分别为客房部15~20个、餐饮部15~20个、营销部1~2个、财务部1~2个、安保部1~2个、工程部1~2个、招商综合部1个、人力资源部1~2个；根据当年年度内服务明星积分累计情况，每年度评选泉城服务明星1名、最佳服务明星2名、优秀服务明星3名；根据当年年度内各班组累计获得的月度服务明星的人数情况，每年度评选最佳服务明星班组（累计获得月度服务明星人数最多的班组）。

在奖励办法方面，奖励办法规定，月度价值服务明星不仅将获得现金奖励——一等奖300元、二等奖200元、三等奖100元，还将获得参评年度价值服务明星候选人的资格。年度或月度泉城最佳、优秀服务明星除获得荣誉证书外，还将由酒店统一安排拍摄工作照，并在员工文化长廊进行展示。在价值服务明星评选活动中表现优异的员工，将在年底评选先进的活动中享有优先权。

在价值服务宣讲方面，每季度进行一次价值服务宣讲。由人力资源部推荐候选人，餐饮服务一线部门各3名，营销、安保、工程、财务、人资综合等部门各1名或视情况而定。

通过上述制度，泉城大酒店的价值服务工作历久弥新，不断为酒店品牌增光添彩。

第六章　酒店精益服务流程

第一节　酒店精益化流程

一、酒店业的精益服务流程

流程，英文为Process，也称过程。其定义为：为达到某种特定的、可用的管理目标，所需要的一系列步骤和动作。企业运行依赖流程，包括企业内部的工作流程和企业外部的市场交易流程。通常服务型企业的工作流程可以分为经营流程、管理流程和服务流程。酒店业服务流程是指顾客享受到的、由酒店在每个步骤和每个环节上为顾客所提供的一系列服务的总和。

酒店内部一旦确立了服务流程，这一流程随即成为全体员工必须遵循的标准操作规范，往往较少有人主动审视其是否达到了最优状态。然而，服务质量的瑕疵往往潜藏于这些既定的流程之中。酒店服务流程不顺畅时，往往表现为顾客体验中断、等待时间过长、服务响应缓慢等，这些均源于环节衔接不畅、信息传递延误或人员调度失当。此类问题不仅会导致顾客满意度急剧下降，还可能引发投诉，进而损害酒店的品牌形象和口碑。例如，顾客在前台办理入住时遭遇系统瘫痪，长时间无法完成登记，而客房又未及时得知情况并预留房间，这种服务流程的脱节无疑会让顾客深感不满。酒店服务流程从顾客需求出发，经过有序的服务步骤、高效的信息传递、紧密的人员协作，以及持续的监控和评估构成，其重要性在于确保顾客在每一个环节都能获得顺畅、一致且优质的服务体验，从而维系顾客忠诚度。

流程优化的理念最早可追溯至20世纪90年代，由美国学者加里·哈默（Gary Hamel）和詹姆斯·钱皮（James A. Champy）共同提出。他们倡导通过流程再造和变革来重塑企业的运营模式。具体而言，这一理论的核心在于以业务流程为中心，对企业现有的管理、经营及运作体系进行彻底重构。其目的是在新的市场环境下，通过重新设计原有的工作流程，使企业能够更好地适应未来的竞争和发展需求。这一理念强调打破传统框架，推动企业从内部机制上进行根本性变革，从而提升整体效率和竞争力。

一些企业（如IBM、HP等公司）在流程再造方面做了大量尝试，并取得了较好的成效。然而，对于大多数企业来说，要实现"再造"的突破性成果，不仅面临巨大的风险，还需要强大且成熟的IT技术体系的支持与配合。此外，还需充分考虑人为因素对流程再造过程及其结果所产生的深远影响。

流程再造热潮过后，随着失败案例的增多，企业开始逐渐回归理性，出现了改良派，即以精益思想为中心的流程优化思想。流程优化与流程再造不同，它强调持续改进，一点点地进行"量变"，最终达到"质变"。

二、酒店精益流程优化

酒店业服务流程的优化实践，是运用企业流程管理的先进理念，深度聚焦于顾客的实际需求，对现有服务流程开展深入的反思和剖析。这一过程旨在通过对服务流程各组成要素的创新性重组，创造出更具附加值的服务体验。换言之，它涉及对服务流程的全面再设计和优化，力求在顾客满意度和企业绩效之间找到最佳平衡点，从而推动企业的可持续发展和进步。

例如，在传统情况下，顾客离店时有复杂的查房流程，导致顾客在离店过程中常常因等待时间较长而不满。从精益管理和流程优化的视角出发，这一问题凸显了流程优化的紧迫性。为了显著提高顾客的离店效率，酒店对现有的离店结账流程进行了重新设计。当前，酒店基本采用退房免查房的制度，这一变革简化了传统流程中的查房步骤。这一优化措施的背后，是酒店对客房部门赋予的适度免查房损失授权，旨在实现更加高效、流畅的顾客离店体验。

流程优化是酒店服务业持续提升的重要工具，不仅要在日常服务流程中应用，更要在重大的项目流程、管理流程中持续优化。

三、酒店精益服务流程优化原则

服务流程的优化往往需要所有相关部门和员工共同完成，由于参与的部门多、人员多，为了确保思想和行为一致，我们需要制定优化原则。当大家都依照一定的原则开展工作，就不容易出现"丢掉西瓜，捡起芝麻"的现象。

（一）以顾客的价值需求为导向

在现代服务业中，顾客需求是服务流程设计的核心和灵魂。无论是酒店、餐厅还是其他服务型企业，都必须紧密围绕顾客的体验、利益和满意度来优化所有流程。这一理念贯穿于服务流程设计的起点和终点，旨在打造真正符合顾客需求的价值服务。

首先,以顾客的价值需求为导向的流程优化意味着企业必须深入理解并准确把握顾客需求。这要求企业不仅要研究顾客的生活习惯,还要了解他们对产品、服务方式和服务渠道的偏好。例如,一些高档商务酒店的客房服务秉持"无干扰服务"的理念,通过设计管家服务箱等创新方式,在客房服务流程上实现了顾客与服务员之间的无干扰沟通。

其次,以顾客的价值需求为导向的服务流程优化要求企业真正站在顾客的角度进行流程设计。这要求流程负责人不仅要对服务产品进行模拟消费体验,还要根据感受找到流程的不足,并进行修改和完善。在日本,一些酒店推行"住店研修制",让员工和管理者以顾客的身份体验酒店服务,从而找出影响服务质量的问题所在,并进行流程优化。

(二)以整体服务理念为出发点

优化酒店服务流程需秉承全局视角,强调资源的综合调配和打破部门壁垒,旨在通过所有业务部门的协同努力,全面提高服务品质。深入分析酒店顾客满意度的大数据反馈,我们发现与设备设施相关的投诉占比显著,如淋浴设备出水不畅、空调温控不达标等,这些常成为顾客直接向客房部门反映的问题。尽管客房部门能够及时处理部分顾客的不满,但更多时候,问题的解决依赖于工程部后勤部的紧密协作。为此,坚持整体服务的理念显得尤为重要,它促使服务价值传递跨越部门界限,深刻理解优质服务不仅是前台的职责所在,更是整个酒店团队共同追求的目标。

(三)顾客参与的原则

顾客的参与也是服务流程价值优化的重要环节。顾客是流程价值最直接、最大的信息来源,他们的反馈和建议对于优化服务流程至关重要。因此,企业应邀请重要顾客参与流程优化,让他们体验优化前后的服务流程,并与企业实现真正的互动。只有这样,服务价值才能围绕顾客需求展开,实现最大化。例如,全球首个迪士尼乐园在路径设计时,就采用了游客参与的方式,最终得出了优雅自然、符合顾客行走习惯的人行道设计。这一案例充分说明了顾客参与在服务流程优化中的重要性。

(四)全员参与的原则

众多酒店采纳了一种被称为"逆向层级"的管理模式,该模式鼓励员工积极融入酒店的部分决策流程之中。在服务传递的直接界面中,一线员工相较于管理层和决策层,拥有与顾客更为紧密且即时的互动,这使得他们往往能更敏锐地捕捉到顾客的真实需求和偏好。通过赋予一线员工参与服务流程优化的机会,不仅能够促进服务流程更加贴合顾客的实际期望,从而提升整体服务价值,这一过程还能加深员工对服务流程的理解和认同,进而激发他们的工作热情和积极性。这种做法实质上强化了从顾客需求出发,自下而上地推动服务创新和改进的机制。

四、流程优化是酒店管理进步的必然产物

服务流程优化不是天外飞仙的偶然,是酒店管理发展的必然,是所有酒店企业的必由之路。

首先,酒店以客户为导向的竞争活动推动了流程优化的出现。随着市场竞争越加激烈,客户满意度变得更加重要,根据内部责权划分的组织形态已经难以满足需要。当前,酒店以客户为中心,将静态分工转变为动态整合,围绕客户关系管理、需求信息的整合、定制化产品的提供、顾客参与的全面服务等设计程序开展工作,这就意味着酒店流程将会发生翻天覆地的变化。可以说正是因为酒店围绕客户的竞争才导致流程优化的出现。

其次,酒店知识的更新催生了流程优化的出现。近年来,随着信息化和数字化技术的快速发展,过去酒店服务的职能技巧和知识已经过时,大量的新技能、新知识、新功能在大行其道,由此引发了人才结构、职务设计、任务认知和组织结构的变化。这些快速迭代的变化让酒店被迫加快流程变革,用新的、更有效的流程取得市场竞争的胜利。

最后，酒店以价值为中心的管理思路促进了流程优化的出现。酒店如何更好地创造客户价值？唯有将管理重心移向现场、移向一线。而这样的管理活动必将使组织结构日趋扁平甚至形成"倒金字塔形"的管理架构。当前众多企业纷纷以项目制、矩阵式进行职能管理，这些变化预示酒店在组织构造上正逐步摆脱机械分割和僵硬的职能分工，更倾向于富有弹性的组合和变化。而这种变化正是以流程为依托进行呈现的，换句话说，流程优化给企业创造更多的价值提供了可能。

五、泉城大酒店的流程优化案例

泉城大酒店的流程优化是一项长期且持续的工作，以下是选取的两个案例供大家参考。

（一）客房清扫流程的优化

改善前，泉城大酒店清扫客房是掸尘和抹尘同时进行，清扫一间房大约需要7分钟，后来通过录像分析进行流程改善，改为先掸尘后抹尘，清扫一间房能节约1分钟。虽然只是短短的1分钟，如果一家拥有500间客房的酒店，平均出租率为70%，那么每天就能节省近6个小时。流程优化就是小步快走、不断改善。

（二）工程改造的流程优化

在泉城大酒店的南楼（酒店有南北两个主要建筑，内部命名为南楼和北楼）改造过程中，按照以往经验，整栋楼都要停业封闭，在全面改造后，才能重新营业。这种改造方式的停业时间较长，对酒店的营业损失较大。

为此，泉城大酒店引入精益的并行工程思想和单件流的理念，不再按照全部完工后再一起投入使用的方法，从西往东采用分区施工、分区投产的方法，自6月底开始施工，计划9月底至国庆节期间投入35间，11月初再投入35间，剩余房间于12月份全部投入使用。三段式投入使用的好处是：第一，首批客人的试住体验可以为第二批和第三批的改造提出更精进的意见，方便及时调整和解决；第二，根据南楼的出租率，提前投入使用这些客房，每天能产生1万余元的收入，实现收益最大化。泉城大酒店南楼改造周期计划，如图6-1所示。

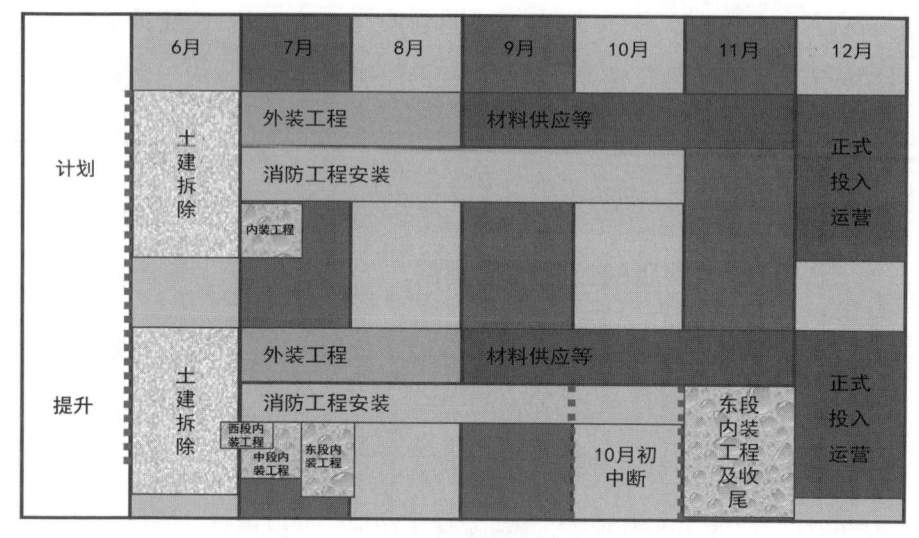

图6-1 泉城大酒店南楼改造周期计划

第二节 服务流程精益化的方法

对酒店服务流程的精益优化，来自对现有流程边界的认知。服务型企业面向最终客户，因此流程的边界要多一项内容，即顾客参与的服务流程评价，这是流程精益化的基础。

明确现有流程的界限是流程优化的首要步骤，这要求我们从流程的根本目标出发进行深入分析。具体来说，需要界定流程的起点和终点，即流程从何处开始并至何处终结。同时，还需清晰界定流程的输入元素和输出成果，这些构成了流程运作的基础和产出。此外，识别并分析那些与该流程相互关联或受其影响的其他流程同样至关重要，这些关联流程可能包括前置流程、后置流程和并行流程等。一旦流程的边界被明确界定，我们就能精确地确定流程优化的范畴，聚焦于核心流程的同时，也需考虑对相关联流程进行必要的调整和优化，以确保整个流程体系的协调性和高效性。通过综合考量，我们能够更有效地推进流程优化工作。

在进行流程优化时，首要步骤是细致识别并分析当前流程中存在的缺陷和瓶颈，以便精准施策，有效解决问题。这一过程不仅有助于显著降低服务过程中的错误率，还能显著提升顾客的满意度和忠诚度。与此同时，我们还需确保优化后的服务流程与企业的整体战略规划及长远发展目标紧密相连，确保每一步优化都是对企业战略蓝图的有力支撑。从上述两个方向，我们认为服务流程优化有三种方式：横向整合法、纵向整合法和程序重排法。

一、横向整合法

酒店服务流程的横向整合法是一种创新的管理策略，旨在通过跨部门的协作与信息共享，打破传统的部门壁垒，实现服务流程的无缝对接，从而提升整体服务效率和顾客满意度。该方法的核心在于识别并优化那些涉及多个部门、但又各自为政的服务环节，通过重新设计流程，确保各部门能够紧密配合，形成一个高效协同的服务体系。

具体而言，横向整合法首先要求酒店管理层对现有的服务流程进行全面梳理，识别出那些影响服务效率和顾客体验的瓶颈环节。例如，顾客入住酒店时，需要经过前台登记、客房部准备房间、餐饮部提供早餐等多个环节，如果这些环节之间缺乏有效沟通，就可能导致顾客等待时间过长或信息不一致等问题。针对这些问题，泉城大酒店采用横向整合法，建立跨部门的服务协调机制，设计"一站式服务"岗位，统筹协调各部门的工作，确保顾客需求能够迅速、准确地被响应。同时，通过引入先进的信息管理系统，实现顾客信息的实时共享和更新，避免信息孤岛现象的发生。此外，横向整合法还强调对员工进行跨部门培训，提升他们的服务意识和协作能力，确保在面对顾客需求时，能够迅速形成合力，提供一站式服务。

二、纵向整合法

纵向整合法在酒店服务流程中的应用，是一种旨在提高服务效率和顾客满意度的管理策略。该方法的核心在于通过优化层级结构，赋予一线员工更多的决策权和信息访问权限，减少不必要的层级汇报，实现问题的即时解决，以灵活应对各种顾客需求和突发状况。

实施纵向整合法的关键在于明确界定员工的权限范围，确保他们能够在不超越职责边界的前提下，自主做出决策。这要求酒店管理层不仅要对员工进行充分的培训，以提升其专业能力和判断力，还要建立一套完善的监督机制，以确保授权的合理使用。此外，为了支持这一策略的有效实施，酒店还需要利用现代信息技术，如客户关系管理系统（CRM）、内部通信平台等，来提高信息传递的速度和准确性。通过这些措施，酒店可以构建一套更加灵活、高效的服务体系，从而快速响应顾客需求，提高顾客满意度。

泉城大酒店作为纵向整合法的成功实践者，通过重新设计服务流程，实现了服务效率与顾客满意度的双重提高。在具体操作中，一旦接到顾客投诉，前台员工将立即根据投诉的等级，运用酒店内部的信息系统查询相应的处理流程和授权范围。在确认自身具备处理权限后，员工将迅速启动补救措施，如提供折扣、升级房型或赠送礼品等，以弥补顾客的损失。同时，为了确保授权的合理使用，酒店还建立了一套严格的监督机制，对投诉处理过程进行实时跟踪和评估。

三、程序重排法

所谓程序重排法，是指通过对工作步骤进行合理调整，实现流程顺序的最优化配置。这一方法在流程优化领域展现出了显著成效。以酒店前台办理入住手续为例，传统流程通常涵盖以下步骤。

第一，客人抵达前台，提出入住需求。

第二，前台工作人员核实预订信息。

第三，打印入住单据。

第四，请客人核对并签字确认。

第五，客人支付押金后，前台发放房卡及酒店指南等资料。

整个过程耗时约8分钟。运用程序重排法对这些步骤进行优化后的入住流程变为：

第一，客人抵达并提出入住需求。

第二，前台迅速核实预订并准备入住所需资料（包括房卡、入住单据及酒店指南等）。

第三，完成客户入住身份信息验证，一并交付房卡及所有必要物品。

经过调整，原本五个步骤被精简为三个步骤，流程的核心功能未受影响，同时减少了不必要的环节，提高了办理效率，进一步增强了客人的入住体验。

综上所述，在致力于提升顾客满意度的进程中，服务流程重组的核心在于优化职责划分和授权机制。其目的是精简烦琐步骤，降低顾客体验的时间成本，这是实现顾客满意的关键所在。

在服务流程革新的道路上，我们需要谨慎平衡标准化操作与必要灵活性之间的关系。诚然，标准化服务流程对于确保服务一致性至关重要，然而，与制造业的流水线作业不同，服务行业必须充分考虑到顾客的个性化需求。面对顾客多样的情境、情绪及特定要求，服务流程需具备一定的应变能力，以真正实现以客为尊。标准化和灵活性犹如天平的两端，过度追求标准化可能导致服务流程刻板僵化，难以满足顾客的多元化需求；反之，若过分强调灵活性，则可能陷入无序状态，影响服务质量的稳定性。因此，在两者之间找到恰当的平衡点，是实现服务流程精益化的关键。

第三节　泉城大酒店流程改善实践

泉城大酒店的流程改善实践是以价值流工具为载体的。价值流是制造型企业的流程改善方法，用于服务过程尚属首次。借助天津大学的精益管理理论创新能力，酒店开展了价值流的识别和分析。以泉城大酒店为例，这是典型的服务价值流，以客户服务为中心，调查服务提供的非客户参与的服务价值形成的全部活动，包括从供应商处购买的原材料到达酒店，酒店对其进行加工后转变为成品再交付顾客的全过程，酒店内以及酒店与供应商、顾客之间的信息沟通形成的信息流等，进而描绘价值流图，从中找到改善的方向。泉城大酒店餐饮服务价值流，如图6-2所示。

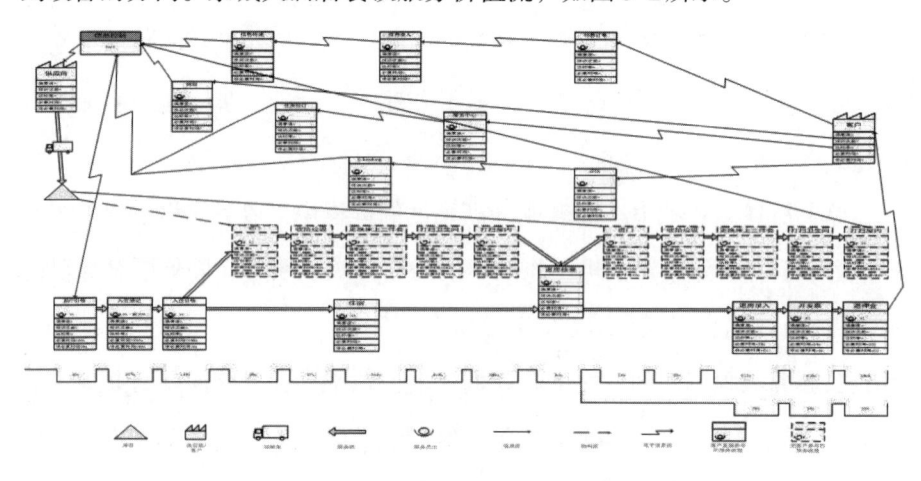

图6-2　泉城大酒店餐饮服务价值流

服务价值流，从流程管理和服务管理两个维度出发，提出各服务环节的关键控制指标，如服务时间、投诉率、满意度等指标，帮助企业分析服务流程环节的现状水平，挖掘改善点。

一、客户入住价值流

第一，解析客户进入酒店到接受酒店提供住房服务的整个流程环节，包括前厅引领、客户入住和客房服务等流程。

第二，解析酒店住房信息流动，通过对信息流动的梳理，深入分析影响服务提供的潜在要素，提高客户服务信息的流通速度和质量。

二、餐饮价值流

第一，揭示餐饮服务提供的实物流动，从原材料处理到客户用餐，进行服务节点控制。

第二，揭示餐饮信息的流动，包括原材料采购信息和客户订餐信息等。

通过价值流分析，可以识别出泉城大酒店精益管理过程中不能增加价值的流程。但是，怎么解决呢？要充分利用精益管理的方法，结合酒店实际，构建泉城大酒店的精益小组经营制，即根据经营业务的特点，将公司划分为多个最基本的经营单位，将酒店的经营任务分解到各个小组，每个组长都是CEO，带领本组成员，全面负责本小组目标任务的完成。精益小组经营制使经营主体变小了，让所有员工都参与到经营活动中来，取得了全员改善的效果。

第七章 酒店精益化经营

第一节 精益小组经营制的构建

酒店服务业实施精益的出发点是什么？如何构建全员的精益思想？这是精益管理在深入推进过程中必须解决的文化共识问题。在泉城大酒店，我们采取精益小组经营制来推动全员的精益共识。精益小组经营制是以阿米巴管理为基础，结合酒店服务业的特点，形成的一种符合中国文化的精益经营创新方法。

一、阿米巴管理的精髓

阿米巴管理源自日本，其思想最早可追溯至京瓷公司的创始人稻盛和夫先生。稻盛和夫在管理经营京瓷的过程中，为了应对快速变化的市场环境和企业规模的迅速扩张,创造性地提出了"阿米巴经营"模式。这一模式借鉴了自然界中阿米巴虫(一种单细胞生物,具有极强的适应能力和分裂繁殖能力)的生存哲学,旨在通过细化核算单位,让每个小集体都像阿米巴虫一样独立运营、快速响应市场变化,从而实现企业的整体繁荣。

阿米巴管理的思想中包含了以下几项内容。

(一)细分组织,独立核算

阿米巴管理的核心在于将大企业划分为若干个小集体(即阿米巴),每个阿米巴都是一个独立的利润中心,拥有自己的收入和成本,实行独立核算。这种方式极大地增强了员工的经营意识和成本意识,使得每个阿米巴都能像一家小公司一样自主经营、自负盈亏。

(二)全员参与,共同经营

阿米巴管理强调全员参与经营,通过透明化的经营数据和信息共享,让员工充分了解企业的经营状况和市场动态。同时,鼓励员工提出改善建议,共同参与决策过程,从而激发员工的积极性和创造力,形成上下一心、共同推动企业发展的良好氛围。

(三)快速响应,灵活应对

由于阿米巴具备高度的独立性和自主性,它们能够迅速感知市场变化并做出相应调整。这种灵活应对市场的能力使得企业在激烈的市场竞争中保持领先地位。同时,阿米巴之间的竞争与合作也促进了企业内部的创新和优化。

可见,阿米巴管理是一种高度灵活、高效且富有创新精神的精益管理模式,有助于激发员工的积极性和创造力,以应对复杂多变的市场环境。

二、精益小组经营制的目的

借鉴阿米巴管理的思路,将大的酒店整体组织划分为很多独立的细小的组织,并赋予其相对独立的经营管理权限,整个酒店组织就通过调配协同组织内的资源,在更小的组织内实施精益管理,实现小组效率和效果最大化。一个国家中,如果每个家庭都富裕了,那么这个国家就一定是富足的。

精益小组经营制的目的是实现公司整体收入最大化和费用最小化,这就要求各个小组都必须高效运转。精益小组经营制的建立,让全体员工都参与经营管理,从而调动了全体人员的积极性。而各个小组的自我管理也实现了全员参与,让生产经营管理活动更透明;各小组之间既互相协作,又相对独立。通过引入内部交易会计,实现市场化的运作,培养了员工的经营意识。通过小组经营制的运行,酒店也持续地培养了经营管理人才,具体参考图7-1。

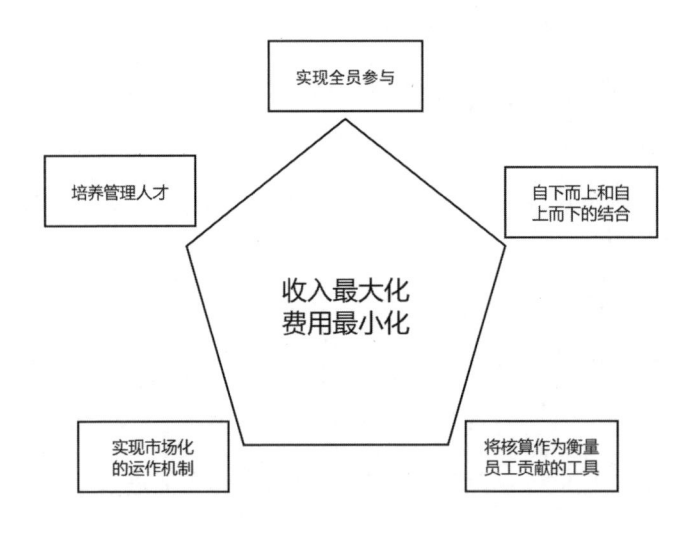

图7-1 精益小组经营制的核心目的

三、精益小组的设计方法

精益小组经营制的实施,划分小组是关键,需要通过不断调整,确保组织设计的合理性。合理的前提条件是小组可以独立核算,可以独立完成组织任务,可以贯彻公司整体的战略和方针。独立核算是划分小组的重要原则。精益小组只有能够作为独立单元进行收入和费用的计量核算，才能够进一步准确核算各小组的经营收益，并形成精益经营小组激励制度实施的基础。其次，各个小组组长必须有独立经营和发挥特长的空间，能够实现个人成长并创造价值。此外，组织的细分要以贯彻公司整体的经营方针和战略为目标，整体要形成一盘棋，不能因为小组的利益而损害公司的整体利益。

精益小组的划分要遵循两个标准。第一个标准是组织要尽可能小，但是小组的职能要明确，使得小组的成员都具有使命感。小组经营是灵活的组织形式，应时刻关注其是否与市场实际情况相契合，并对公司的战略调整立刻作出反应。第二个标准是要保证小组正确地履行其职能，必须有支持小组经营的运营管理部门。运营管理部门负责处理公司整体经营数据，一方面起到准确传递重要经营信息的作用，并肩负起责任；另一方面要从机制和分配层面支持小组经营。

划分精益小组前要做好功课。设计者要对公司现有的组织架构进行全面的分析，或者在现有组织架构基础上划分精益小组，或者打破现有的组织架构，单独设计一套，后者的难度较大，不建议采用。有些小组划分之后，能够准确计算全部收入，也能准确记录相关的支出，这样的小组称为利润小组；有些小组不是盈利单位，只有支出发生，这种无收入发生的小组称为成本小组。如果一个小组只能准确记录收入，但是支出情况不能准确计量，需要在划分小组前完善支出的测量条件，譬如对能耗的计量，需要增加必要的计量设备，测量也是顺利实施的关键条件之一。

泉城大酒店通过对现有组织架构进行分析，将整个酒店划分为两大中心——利润中心和成本中心。利润中心是指能给酒店带来收入和利润的部门，主要有餐饮、客房和招商三大板块。在此基础上，对这三大板块再进一步分解：餐饮部分解为会议小组、宴会小组、堂吧小组、自助小组、烧烤小组和研发小组；客房部分解为前厅小组、楼栋小组（A座、B座、C

座）；营销部也分解为销售小组、新媒体小组和收益管理小组。泉城大酒店精益小组划分方式，如图7-2所示。

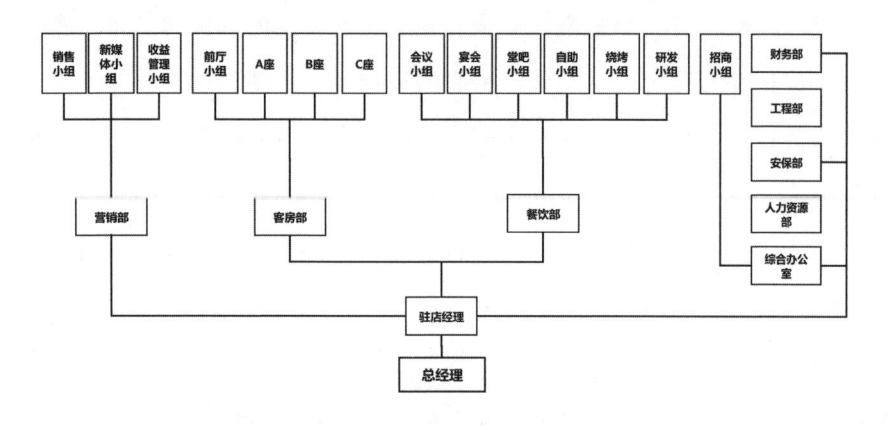

图7-2 泉城大酒店的精益小组

四、精益小组负责人的职责

精益小组的组长是领头羊，他要带领本组成员完成公司确定的经营目标，保证本组的目标、经营举措和公司的战略相一致，不断解决小组运转过程中出现的问题。同时，他要团结并激发本小组所有成员的积极性和创造力，协调本小组与其他精益小组之间的合作关系，并核算本小组在经营期间所取得的经营成果。

小组是服务型企业中的最小经营单位，通过组建精益小组并赋予员工一定的经营权，让其独立决策，既树立了员工的"主人翁"思想，还强化他们的"老板意识"，使其时刻关心酒店的经营情况。通过这种方式，使更多的基层管理者和员工参与酒店的经营管理，把酒店的整体目标和个人的收入紧密联系起来，从而调动员工的能动性和责任心，确保利润增长和费用控制得以落到实处。

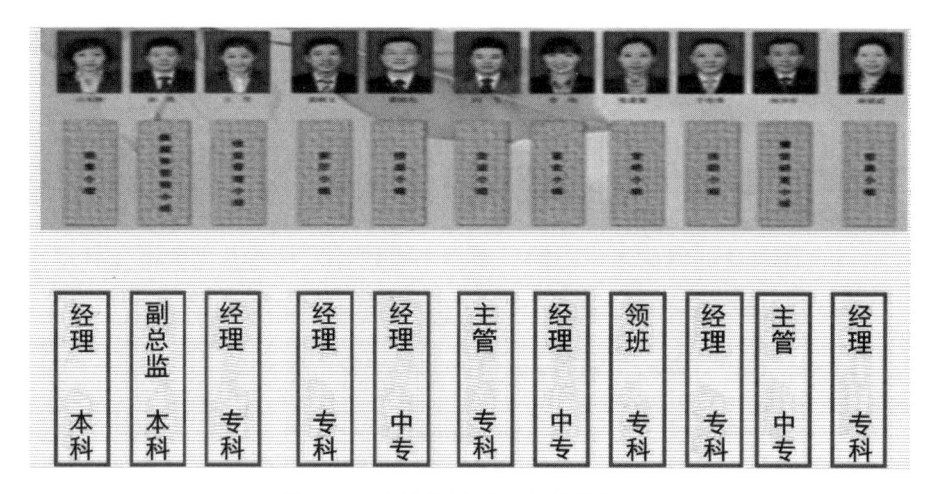

图7-3 泉城大酒店小组组长学历显示

第二节 精益小组经营制的运行

一、精益小组经营制的后台逻辑

精益小组实际上相当于一个独立的经营单位，它是一个缩影版的公司，有自己的业务目标，并且致力于追求组织效益的最大化。因此，要么在支出费用不变的情况下，追求收入的最大化；要么在收入不变的情况下，追求支出费用最小化，两者都可以达到利润最大化的目标。精益小组活动的宗旨，在于贯彻"收入最大化、费用最小化"的经营理念，持续为企业培养后备经营人才。

泉城大酒店在实施精益小组经营制之初，成立了以总经理为组长的精益小组推进工作组，确保精益小组的正常运行。首先，工作组对现有的领班以上级别的员工进行了精益思想、精益哲学的理论灌输和学习。通过购买专业书籍自学、邀请专家培训、开展财务知识培训、组织考试测评等方式，提高了精益小组组长们的精益管理知识和财务会计知识，树立了"做人""做事"的经营思想。

二、精益小组经营制所需要的财务知识

与会计人员的专业知识不同，精益小组组长需具备基础的财务管理知识，掌握基本的会计原理。因此，对精益小组组长的培训至关重要。

精益小组组长需要掌握的财务知识包括以下几个方面。

首先，要掌握会计的基本原理。精益小组组长不仅要了解会计的基本准则，比如恒等式"收入－支出=利润"，更要掌握基本的会计知识，尤其在收入、支出科目中，对于基本的分类，如成本、费用、变动费用、固定费用等，都要基本掌握。

其次，要掌握一点财务会计知识。财务会计即外部会计，是指在严格遵循法律制度和记账规则的基础上，依据法律向企业外部人员公布满足法律规定的各种报表信息。它包括总分类账、应收账款、应付账款、固定资产、法定合并和特殊统计会计等。精益小组组长对这方面的知识要有一定的了解。

最后，要掌握一点经营性会计知识。经营性会计是指在国家为企业创造相对独立经营条件下的综合性企业会计。它的主要任务是从单纯地向国家报账转化为同时向国家和本企业管理者提供信息，尤其是要为本企业经营管理的筹划和控制提供一系列有用的信息。精益小组组长对这方面的知识也要有一定的了解。

实施精益小组经营制，需要企业将财务管理方式从财务会计转化为经营性会计。在实施精益小组经营制的过程中，酒店财务人员应深入经营一线，了解业务流程，制作经营小组成员看得懂、易理解的经营会计报表，实现"业财"一体。

三、精益小组经营制的核算过程

小组经营制需要组长对经营成果了如指掌，因此精益小组组长随时要将小组内发生的支出进行记录、计量和汇总。有些支出是精益小组组长能够掌握和掌控的，如小组成员的薪酬、小组内的物料消耗以及和本小组有关的能耗等；有些支出是精益小组组长不能掌控却需要掌握的，如小组进行生产经营所需设备的折旧、房租、租金等。

对于精益小组组长可控部分的支出，其必须全面了解并严格把控实际发生金额，并对日常支出项目及其金额进行统计和汇总。以泉城大酒店为例，客房组组长需要掌握每日的出租率，以此推算出每日客房需要增补的客用品用量是多少，进而管控客用品的支出和消耗。

精益小组组长对经营成果的核算，除了管控变动费用以外，还要管控本小组的固定费用。固定费用是指每个经营时间段的折旧和租金支出，这些费用与占用的设备设施、房屋和运输工具等息息相关。

固定费用的核算由公司的财务部门掌握，财务人员根据各个小组的占用情况，运用公正合理的方法进行分摊，固定费用在一定期间内是相对固定的，精益小组组长只有了解了这些数据，知晓数据背后的动因，在核算本小组的经营成果时才能做到心中有数。

那么，怎样才能公平合理地分摊固定费用呢？在不同的小组之间分摊公共设施相关费用，如厂房租金、设备设施折旧费、交通物流费等，需要采用不同的固定费用分配原则。

有些固定费用只能分配给某个经营小组，这是因为相关设备设施的使用动因完全由该小组的活动所触发，所以需要该小组承担。如果两个或两个以上的小组有共同使用的设备设施，则按照使用量比例进行分摊即可。具体操作方法可以参考以下内容。

（一）租金的分摊

能明确区分和记录车间、厂房或营业用房是某个小组独自使用，则该房产的租金或者使用费全部计入该经营小组的固定费用。

两个以上的经营小组共同使用的车间、厂房、营业用房，首先测量单个经营小组占用或者使用的经营面积，用单个小组的经营面积乘以房产单位面积的租金，即该经营小组直接分摊的租金，如某小组承担租金=该小组实际占用的面积×单位面积租金。

对于公共面积部分，按照各个经营小组实际占用面积在房产总面积中的权重计算应分摊的公共面积部分，用分摊的公共面积乘以单位面积的租金。

（二）折旧费的分摊

能明确认定某个机器设备或交通设备为某个经营小组直接服务，则该设备的折旧直接计入该小组的费用支出中。

某设备设施为两个或两个以上经营小组提供服务，则该设备的折旧应该以各个经营小组实际使用工时或小组的实际业务量为权重，将机器设备的折旧费用在各个经营小组之间进行分配。

有了上述核算制度，精益小组就可以将自己的日常活动转化为小公司经营模式，按照收入和支出的方式进行会计核算，进而学会从结果角度思考问题。当然，我们还要对小组的收入进行定义。

第三节 精益小组经营制的定价策略

精益小组在经营过程中，除了关注成本和支出以外，更要关注销售收入。众所周知，销售收入取决于销售数量和销售价格。从市场的角度看，销售数量与销售价格是相互排斥的。价格降低时，销售数量随之增多；反之，价格上升时，销售数量则相应减少。在精益小组经营模式下，模拟了市场化机制，将各小组当作供应链上的各个环节，前一步骤的销售价格是后一环节的销售成本，为了让后一环节的小组接受前一环节的销售价格，定价要参考外部市场价格，确保公平合理，从而顺利完成核算。

一、内部销售价格的制定

上下游小组之间的核算，除了要对交易数量进行记录以外，还需要内部制定出交易价格来。对于下一道工序来说，该价格属于购买价格，越低越好；对于上一道工序来说，该价格是销售价格，越高越好，两者之间，因立场不同容易造成冲突。

如何公平合理地确定内部价格呢？我们通常采取两种不同的方法。第一种是成本加毛利的办法。我们在提供的产品或服务的成本基础上，加上一定比例的毛利额，两者相加形成了内部交易的价格，这种方法对于上游小组容易接受，但是对于下游小组来说常被诟病。这种定价方式往往对于那些无法进行外部市场参考的产品和服务比较适用。第二种是参考外部市场价格。同样的产品或服务，其价格要与外部市场价格一致。如果精益小组想实现一定的毛利，就必须倒推其成本，并按照成本目标去组织生产。参考外部市场价格，其实也是迫使内部小组与外部对标，持续不断地优化管理，实现成本的优化。

二、经营会计报表的编制

一个精益小组在一定时期内，能确定自己的销售收入，同时能够确认为实现这些收入所发生的支出，就可以计算出一定时期内小组的经营成果。传统理念认为，经营成果的计算由单位财务部门的财务人员来完成，这种专业分工不适用于精益活动。一方面，由财务人员核算具有一定局限性，比如，核算中对于时间价值缺少核定；另一方面，核算结果具有一定的滞后性，比如，只有在每月月末或者年末才能核算出一个单位本月或本年的经营成果，若想利用财务部门的信息对业务进行即时指导，显然做不到。

"经营+算账"是精益小组经营制的核心理念，小组经营活动中的关键工作就是编制小组经营会计报表，该工作还助力企业培育复合型人才，使其既精通经营之道，又擅长财务核算。

小组经营制类似效率天花板——夫妻店。一个街边的夫妻商店往往是经营效率极高的，因为老板就是员工，他既要关注本商店总共售卖了多少商品，实现了多少收入，又要关注支付了多少租金、卫生费、水电费等，每天都要计算利润情况，研究如何提高盈利水平。

精益小组的会计核算表就是一个简单的格式化记录，本质是简化的财务会计报表。精益小组组长将小组每天的收入和支出在一张表上简单地进行记录。每天经营活动结束，精益小组组长就要在全组成员面前宣布当天的经营状况，与大家一起分析当天经营过程中存在的问题，以便第二天进行改进。

酒店经营会计核算就是由财务部门参照利润表的格式，通过简化，做成统一的电子表格。一天一格，每周一张，由每个组的组长在表格里面填写数字，这就完成了酒店的精益经营会计核算。

三、单位时间附加值

经营会计报表可以反映精益小组在一定时间内创造的经营成果，经营成果的高低体现了精益小组效益的高低。但是，由于不同的精益小组业务内容不同、小组人数不等，这就造成了横向对比的困难。

在实际运行中，往往成员越多的小组创造的利润越多，为了追求高额的经营成果，小组负责人会尽可能地吸纳更多的成员加入本组织中。成员的增加意味着会增加更多的人工支出，但是相比较而言，单人创造的效益会更高。所以，不能定义某个小组创造的盈利大，就认定其管理效益是最好的,唯有从单个组织成员创造的价值上进行比较才真正公平。这也就是"单位时间附加值"的概念。

用单位时间创造的利润来衡量某个小组经营效益的高低,是一种高明的设计,真正体现了结果导向。

用公式表示:

单位时间附加值=附加值÷组织的工作时间

组织的工作时间=组织内所有成员的个体工作时间之和

为了使组织的附加值最大化,精益小组组长在选择组织成员时会尽可能地选择薪酬低的成员加入小组中,因为这样的话,相较于小组收入,支出会更少,附加值会更大。为了避免精益小组组长在选择成员时,淘汰那些具有较高管理经验但是薪酬也相对较高的员工,进而造成高层次管理人员和技术人员的流失,在计算小组的单位时间附加值时,支出项目中对于薪酬有两种处理方式:一种处理方式是在支出项目中包含普通组织成员的薪酬,另一种处理方式是在支出项目中剔除高层次管理人员和技术人员的薪酬。这样区别对待就可以在不同小组之间进行经营成果的比较了。

小组内部也可以用单位时间附加值评估个人贡献。如果单位时间附加值高于成员的单位劳动报酬,则说明该成员为组织创造了价值;反之,该成员没有为组织创造价值。

四、精益小组的绩效评价与考核

确定单位时间附加值的目的是对精益小组进行科学评价,而评价与考核是管理活动的闭环,不可或缺。对精益小组的考核,应与公司整体的KPI指标相匹配,并与公司的战略目标保持一致,确保精益小组与组织管理的高效协同。

(一)KPI指标及权重的确定

考核精益小组首先要确定考核的指标及权重。要在企业综合绩效考评的指标库中增加精益小组考核指标，其中最具特色的考核指标就是单位时间附加值的指标。

单位时间附加值作为绩效考核的一个效率指标，可以测评一个经营小组在一定的经营期内为组织创造的价值的大小。企业可以根据历史的经营数据来测算每个精益小组一个合理的单位时间附加值，并在此基础上，确定未来目标值作为绩效考核的指标数。

单位时间附加值在企业所有KPI指标中所占权重，需根据企业战略目标的要求确定权重的大小。

（二）精益小组的考核

企业依据考核指标对精益小组进行考核，除了单位时间附加值指标外，还要制定其他KPI指标，形成多指标考核。单位时间附加值的考核可分为日考核、月考核和年度考核。

日考核：各精益小组每日计算本小组的单位时间附加值，并与事先下达或者分解的目标进行比较，找出问题和不足，作为下一日改进的方向和目标。日单位时间附加值不直接与绩效考核挂钩，只作为工作改善的参考。

月考核：各精益小组根据每天计算的单位时间附加值汇总计算本小组每月的单位时间附加值，财务部门对各小组每月的单位时间附加值进行复核。人力资源部根据目标值和各小组实际完成情况，结合单位时间附加值在KPI指标体系中的权重，对各精益小组月度绩效作出评价和考核。

年度考核：各精益小组、财务部门根据各精益小组各月份的单位时间附加值汇总计算年度的单位时间附加值，人力资源部根据目标值的完成度对各精益小组作出年度考核和评价。单位时间附加值的考评和目标值或者本小组同期比较、上期比较，在小组间的比较要酌情使用。

五、泉城大酒店精益小组经营制的效果

精益小组经营制的实施不仅给泉城大酒店注入新的发展动力，还使得

整个组织实现了较为明显的瘦身。人事部结合经营制和人员编制,精减人员编制。经过与各部门的沟通和对接,不断优化工作流程,进行岗位合并、工作区域重新划分,制定出了更为精简的人员编制体系。泉城大酒店自成立精益小组以来,人员编制由524人下降至438人,减少编制86个,降幅为16%,不仅提高了员工工作效率,还节约了人力成本,很多岗位的设置和人员情况实现了突破性的优化。例如,前厅将大堂副理、前台接待、礼宾部三个岗位的人员流动使用,大堂副理的岗位职责由前厅经理、前台、礼宾分摊,不再设置大堂副理岗位,三个岗位合计减少编制9个;客房部通过引入绩效工资,提高客房部员工的做房积极性,PA区通过重新划分工作区域,两个岗位合计减少编制15个。

第八章　酒店数字化精益服务

第一节　酒店数字化应用

酒店的数字化运营是通往未来的必经之路。数字化，不是简单地通过局部的智能化管理或建立数据分析体系就能够完成的，而是一项复杂的系统工程，需要从数字化计划、数字化技术、数字化协作和数字化组织四个方面来实现。

一、酒店数字化战略的理论基础

酒店实施数字化战略要分成四步走，同时配套实施细则，才能创造出数字化运营环境。

第一步，数字化计划是酒店一切工作的开始。数字化计划是指酒店为实现数字化运营所制订的战略和战术计划，包括投资预算、项目内容、完成时间、目标效果等。数字化计划的制订应结合酒店实际，在现有信息化工作的基础上来完成。

就酒店而言，无论是档次高低还是规模大小，其核心产品都是食、宿、娱、旅。数字化运营要围绕着这四个核心产品来制订计划，从而达到品牌、服务、营销、收益全方位提升的目的。例如，客房服务的数字化计划要体现从客房部门的管理到与前台、工程、保安、财务等部门的协调，包括OTA平台的客房管理，都要形成目标统一的数字化运营计划，并通过信息管理系统把相关计划整合起来，齐头并进帮助酒店提高科学管理水平。

第二步，数字化技术是酒店各项工作的抓手。数字化技术是指通过应用数字化互联网技术，如大数据和人工智能等，为酒店提供运营管理服务。

酒店是以提供服务产品为主的企业，服务产品具有无形的特点，无论是前台、客房、餐饮还是娱乐服务，最大的特点是顾客参与到这些服务产品形成的整个过程当中，而不是由服务人员单独来完成这些产品的生产，这一点与制造企业有着本质的不同。

在数字化技术的应用中，每个部门都应该有适合工作需要的信息化管理系统，如前台管理系统（PMS）、客户关系管理系统（CRMS）、收益管理系统（RMS）、中央预订系统（CRS）、人力资源管理系统（HRMS）等。除此之外，营销和收益管理还需要OTA等在线分销系统和大数据分析工具，以此来进行精准营销和灵活定价。

酒店的信息化系统繁多，数字化技术仅仅依靠酒店自身是无法完成的，需要设立专门的信息化技术部门，并通过与信息化系统供应商合作来完成该项工作。对于酒店集团而言，不仅需要设立信息化部门，还应设立首席信息官（CIO）职位，以确保企业的数字化系统能够自主高效运行。当前，就中国酒店业而言，我们的信息化和数字化技术还很薄弱，要完成数字化转型，还任重而道远，需要长期持续努力。

第三步，数字化协作是酒店实现成功转型的关键。数字化协作是指通过酒店各职能部门的信息化管理系统的高效对接，将不同部门和不同产品从两个维度进行整合，以实现整体协同，从而优化工作流程、降低成本费用、提高工作效率，最终实现酒店管理水平的全面提高。

数字化协作的难点不是部门和产品之间的系统技术对接，而是不同岗位人与人之间通过数字链接的工作协调。如何打破原有固化的传统管理模式，使不同部门人员之间的工作协调一致，才是要解决的关键问题。例如，数字化信息系统会根据酒店客房数量和房间面积来核定客房服务人员的编制和打扫每一个房间的时间，以此来优化用工成本；当顾客向服务中心报修空调不制冷时，系统会自动做出反应，要求工程人员在规定的时间到达房间并开始维修；等等。这些都是数字化协作的管理工作。

第四步，数字化组织是酒店变革成功的保证。数字化组织是指在数字化运营战略实施过程中所要建立的针对这项工作的最高管理组织。对于酒店而言，这一组织是由总经理主导成立的数字化运营小组，成员包括各相关部门的负责人。同时，还需专门设立信息化管理部门或岗位，并配备专业人员，推动数字化运营工作的开展。

二、酒店数字化转型的路径

酒店的数字化实践是发展不断迭代的过程。从发展阶段的角度看，经历了信息化、数据化、智能化、数智化等阶段。数智化更强调在数字化基础上的智能化应用，是在"万物互联"的技术背景下融合"数据化和智能化"发展而成的更高级的发展阶段。虽然只有一字之差，但数智化使得酒店行业的商业模式和经营理念发生了颠覆性变革。数智化的大幕刚刚开启。我们认为，未来所有的酒店都将会是数智化的酒店。

酒店在数字化转型过程中，应遵循"三步走"的战略规划。

（一）从信息化到数据化的变化

信息化是将企业在生产经营过程中产生的业务信息进行记录、储存和管理，通过电子终端呈现，便于信息的传播和沟通。在信息化阶段，酒店已经完成了基础信息系统的建设，如物业管理系统（PMS）、客户关系管理系统（CRMS）等，实现了业务流程的电子化和标准化。酒店信息化是通过数据库等技术手段对酒店的业务数据进行管理，本质上是物理世界的思维模式，侧重于业务相关信息的搭建和管理。业务流程是核心，信息系统是工具。在这一过程中，产生的数据只是一种副产品。它可以使酒店内各方面的人员清楚地了解到"业务状态是怎样的""流程走到了哪一步"等，从而有利于生产要素组合优化的决策，合理配置酒店资源，增强企业的应变能力。然而，这些系统往往各自独立运行，形成了数据孤岛。要实现向数据化的跃升，酒店需要构建统一的数据中台，通过ETL等数据集成技术将分散在各个业务系统中的数据集中管理。这一过程需要建立完善的数据管理体系，包括数据标准制定、数据质量管控和数据安全保障等方面。在数据整合的基础上，酒店可以运用商业智能BI工具对运营数据进行多维度分析，如客房入住率分析、客户消费行为分析、收益管理分析等，将原始数据转化为有价值的业务洞察。这个过程的关键挑战在于打破部门壁垒，实现数据的互联互通。同时，培养员工的数据思维，让各级管理者能够基于数据做出更科学的决策。只有夯实数据基础，才能为后续的智能化应用提供高质量的"数据燃料"。

（二）从数据化到智能化的扩展

经历数据化发展，酒店积累的运营数据、客户数据、市场数据达到一定规模后，单纯依靠人工分析已经难以充分挖掘数据价值。虽然数据化阶段建立了数据基础和分析能力，但本质上仍停留在对历史数据的描述性分析层面，而智能化扩展则实现了从"事后分析"到"事前预测"、从"人工决策"到"机器决策"的根本转变。事实上，该转变过程直接决定了酒店数字化转型的深度和价值创造能力，其核心是将积累的业务数据与人工智能技术相结合，实现运营管理的自动化和服务的个性化。通过引入机器学习算法，酒店可以构建预测模型，实现对客房需求的精准预测和动态定价的智能调整，从而实现收益的最大化。

具体而言，在客户服务方面，智能客服系统可以基于自然语言处理技术，7×24小时响应客户咨询，并根据客户画像提供个性化推荐。物联网技术的应用让智慧客房成为可能，客人可以通过语音或移动设备控制房间设施，而传感器采集的环境数据又能反馈给中央系统进行智能调节。在后台运营中，基于设备传感器数据的预测性维护可以提前发现潜在故障，减少设备的停机时间。这一过程的重点在于算法模型的持续优化和智能设备的协同配合，需要专业技术团队对AI系统进行训练和调优，同时确保不同智能设备之间的无缝对接。智能化转型不仅提高了运营效率，更重要的是重塑了客户体验，为酒店创造了新的价值增长点。

（三）从智能化迈向数智化

数字化转型的最高阶段是从智能化向数智化的质的飞跃。智能化阶段的应用往往是静态的、孤立的解决方案，而数智化系统通过持续的数据反馈和算法迭代，形成了"感知—决策—执行—学习"的完整循环。数智化不是简单的技术叠加，而是构建一个自我学习、持续进化的智慧生态系统。在这个阶段，5G、边缘计算等前沿技术的应用实现了"云—边—端"的全面协同，让数据处理和智能决策可以在最合适的层级完成。这一阶段的本质突破在于，酒店不再将数字技术视为单一工具的应用，而是构建起一个具有自我进化能力的智慧生态系统，实现从"技术赋能"到"生态重构"的质变。因此，从智能化向数智化的飞跃，是决定酒店能否在数字经济时代获得持续竞争力的关键跃迁。

具体而言，在商业模式方面，数智化打破了传统酒店的边界，通过与周边商业生态的数据互通，构建起"酒店+"的创新商业模式。例如，酒店可以根据客户画像和实时位置,智能推荐周边餐饮、娱乐等生活服务,并与合作伙伴共享收益。在管理层面,数智化平台可以整合供应链、人力资源等多维数据,实现全局优化和智能决策。这一阶段的转型已经超越了技术应用的范畴,是对酒店商业模式的根本性重构,需要企业在组织架构、人才储备、管理模式等方面进行全方位变革。数智化转型的成功将使酒店从传统的住宿服务提供商蜕变为智慧生活服务平台,从而在未来的市场竞争中占据制高点。

第二节 泉城大酒店数字化转型实践

酒店的数字化应用日渐成熟,小到酒店前台的自助入住机,大到新型的人工智能服务模式、商业模式。数字化对于酒店来说是必然经历的迭代过程,泉城大酒店也已经进入利用数字化技术进行体验、提效和全链路场景覆盖的阶段,持续探索最符合酒店发展的实践路径。

一、数字化营销

酒店营销是数字化应用的先锋,无论是数字营销还是数字体验,在经过人工智能加持后,酒店营销模式发生了根本的变化。

(一)新媒体营销

随着线上营销渠道的充分竞争,泉城大酒店新媒体的营销模式得到了极大的拓展,通过抖音、小红书、微信等网络平台推广和推荐酒店服务,取得了极其显著的效果。泉城大酒店积极主动地拥抱新媒体营销,通过社交媒体推广酒店的产品和服务,成功塑造了在新媒体上的良好形象,实现了营销效果的最大化。

(二)数字精准营销

泉城大酒店借助数字化技术,开发了客户管理智能化系统,通过收集客户的消费习惯、偏好和行为数据,酒店可以制定更精准的营销策略,推送个性化的服务推荐、举办特色旅游活动等,从而提高营销效果。

(三)以数字化技术实现会员精益化运营

当前,酒店行业的第三方线上预订占比较大,并且佣金较高。对于酒店经营者而言,如何将通过第三方渠道获得的客户转化为酒店自有会员显得尤为重要。因此,泉城大酒店构建了一套完善的会员管理体系。公域拉流量,私域重运营。泉城大酒店采取了精益管理的策略,鼓励全员参与,激发员工的积极性。通过在各种服务环节中精准把握客户需求,协助客户完成会员注册,并通过促进客户的重复购买行为来提高酒店的收入水平。此外,泉城大酒店不仅致力于吸引广泛的流量关注,还注重会员服务的质量,加强对忠诚度体系的建设,并不断深化对会员全生命周期的运营和价值挖掘。

(四)AI数字直播

在人工智能技术蓬勃发展的今天,数字人早已不是什么新鲜产物。例如,能唱能跳的虚拟主播,备受追捧的AI博主等。如今,人工智能已不再局限于图片、短视频等单一形式,更多的数字人开始进入电商直播带货领域。

在新冠疫情期间,泉城大酒店精心打造了酒店宣传推广的数字人形象。通过与外部团队的紧密合作,定制化设计了符合产品特色的虚拟形象,实现了24小时不间断的直播服务。这种数字人无须休息,成本低廉且效率极高,通过与真人主播的默契配合,成功打造了全天候直播间,为企业在疫情期间的品牌传播作出了卓越贡献。

二、数字化酒店运营

酒店业的数字化重心在运营端，围绕收入管理、成本控制和流程效率进行数字化管控。可以说，数字化是酒店业的一次深刻变革。

（一）数字化集采

集采，即集中采购。对于酒店运营来说，物资采购特别重要，它的本质是客户的服务功能，即通过采购优质物资，实现客户满意度的提升。数字化集采可以将采购、库存、供应商管理、价格监控、数据分析等多个环节有机结合起来，通过信息化手段提高采购效率和透明度，降低采购成本，增强酒店的竞争力。

随着信息技术的不断发展，泉城大酒店的集采系统不断升级。目前，该系统中已引入人工智能技术，实现了移动化应用，在内部实现了采购与供应链的协同。酒店集采系统作为酒店行业信息化建设的重要组成部分，将在未来发挥更加重要的作用。

（二）数字化运营

数字化运营内容丰富，随着移动支付占比不断提升，顾客倾向于使用智能手机和其他的移动设备来完成日常任务，酒店也要不断提高对数字化终端的使用，以多系统互联，优化酒店服务流程，提高服务水平，从而满足顾客的共性需求和个性需求。

目前，泉城大酒店的数字化应用已经实现了从快速入住到便捷离店、从房态管理到账务处理、从老客拉新到全员营销的全方位服务升级，无论是前台接待、客房管理还是财务结算，都能够通过智能终端系统实现高效运作。

（三）数字化个性服务

泉城大酒店的数字化运营也致力于提供个性化的服务。由于数据系统中有客户的历史记录和偏好分析，酒店可以针对老客户提供定制化的推荐和建议。例如，在客户预订房间的过程中可以推荐其喜欢的房间风格、床上用品、房间温度等，从而满足其个性化需求。此外，已经升级的智能客房设备可以记忆客户的偏好，自动调节房间环境，提供更加舒适和个性化的体验。

（四）数字化自助服务

高效的自助服务是数字化的必然结果。当前，泉城大酒店的运营系统已全面升级，客户可以通过手机应用程序便捷地进行在线预订、自助办理入住手续、在线支付等，既节省了等待时间，又简化了烦琐的流程。智能客房设备可以实现客户自助远程控制房间设备的功能，如调节灯光、温度和电视等，提供更加方便和个性化的体验。此外，泉城大酒店还精心打造了人工智能助手，实现与客户的互动。例如，智能助手可以回答客户的问题、提供个性化的旅游建议、高效办理酒店预订服务等。

三、酒店数字化的未来展望

数字化赋能促进了酒店业的绿色低碳转型。泉城大酒店也在积极学习先进做法和经验，不断取得自我突破。

未来，酒店业的发展将对标博鳌亚洲论坛大酒店（以下简称"博鳌酒店"）。博鳌酒店近零碳示范区改造建设任务全面完成，正式进入近零碳运行阶段。改造后的博鳌酒店，近零碳示范区建筑屋外墙铺满光伏、厨房炉灶全面电气化、全岛设备智能化管控，与改造前相比年二氧化碳排放量减少了70%。博鳌酒店的空调设备全部更换为磁悬浮变频离心式冷水机组，具有噪声低、寿命长、工作效率高的特点，节能效率提高了20%以上。博鳌酒店还采用了"光伏玻璃+百叶+电动窗通风"的光伏幕墙设计，仅此一项，全年可减少大堂空调用电量20%左右。客房阳台则采用了光伏玻璃栏板、绿植遮阳、遮阳格栅等措施，可将客房太阳辐射的热量降低35%以上。此外，酒店内的厨具、灶具已全部更换为电灶具，燃气和燃油锅炉也更换为空气源热泵、电蒸汽发生器,实现了酒店100%电气化改造,实现了零化石能源的使用。

数字化赋能也促进了酒店业的健康环保转型。未来,酒店在健康领域将持续引入创新举措。例如,电子减盐餐具的使用。电子减盐勺通过向舌头发送电信号刺激舌头,让舌头产生味觉的"幻觉",可减少30%的盐分摄入。长期使用,身体会逐渐适应低盐食物,以此来减少食用盐的食用量,从而减少高血压等疾病的发生风险。又如,深度睡眠产品的使用。按摩床垫、零压床垫等产品技术已比较成熟,通过智能程序的精确操控,模拟父母抚触婴儿的手法,为成年人的脊背带来舒缓和放松效果,延长睡眠时长,提高睡眠质量。未来酒店将以客房睡眠产品为卖点,全面优化提高酒店客房服务品质。

第三节　泉城大酒店数字化精益转型历程

一、2016—2019年,基础建设阶段

随着业务和管理范围的扩展,泉城大酒店管理效率低、人员流动大、系统不连通、中介佣金高等业务痛点越发凸显。为解决以上业务痛点,酒店上级单位山东文旅酒店集团提出,泉城大酒店应以用户需求为中心,向着数字化营销、数字化服务、数字化管理的转型目标进行管理变革。

在数字化营销方面,深度研究用户全生命周期消费行为数据,建模分析,对用户进行标签化管理,实现了17个精准触点营销,用数字平台(小程序、App)连接用户,服务用户。

在数字化服务方面,将用户数据标签应用到搜索、订单、交付、分享等线上营销场景,实现精准服务推送;门店在接待过程中,根据用户消费

喜好标签,提供个性化的精准服务,用数据提升顾客满意度。

数字化管理,坚持创新应用,在旗下酒店推行自助入住机、人脸识别、在线自主选房、网游通、智能送物机器人、智能客服、AI电话等数字化智能服务解决方案,用技术创新不断推动传统酒店服务流程变革。

2016—2019年,泉城大酒店在数字化营销、数字化服务、数字化管理三个领域持续投入,紧紧围绕"产品在线化、服务在线化、顾客在线化、员工在线化、管理在线化"五大核心理念,成功打造了包括前台管理系统(PMS)、中央预订系统(CRS)、客户关系管理系统(CRMS)、办公自动化系统(OAS)、官方网站、移动应用程序(App)、微信公众号等在内的一整套信息化管理工具,完成了信息化基础建设阶段。

二、2020年至今,高质量发展阶段

自2020年以来,5G等新型基础设施的迅猛发展,加之疫情等外部因素的强力推动,新经济领域实现了深度数字化。在此背景下,中国旅游行业也迎来了数字化转型的高潮,其中酒店行业更是率先走在变革的前沿。泉城大酒店的数字化转型方案受到了山东省广播电视台、舜网、搜狐等多家媒体的广泛报道,取得了显著的示范推广成效,在旅游酒店行业中产生了深远的带动效应,并获得了良好的社会效益和示范口碑。

泉城大酒店在数字化转型的道路上不断深耕,致力于通过先进的科技手段提升客户体验和服务质量。酒店管理层意识到,在当今快速发展的信息时代,数字化转型不仅是提高效率的关键,也是增强竞争力的重要途径。

当前,泉城大酒店已实现从顾客线上订房,到线上自助选房,乃至进店后通过自助机自助办理入住的全流程数字化服务。该服务成功打通了酒店管理系统、支付系统、公安管理系统、人脸识别系统,使得顾客办理入住的时间从原来的5分钟缩短至30秒,而离店退房仅需10秒,极大地提高了服务的效率,并满足了当下无接触服务的需要。

在日常服务中，泉城大酒店成功应用了人脸识别技术以开启房门，并通过智能语音系统控制灯光、窗帘等客房设备；引入了AI电话服务，使得90%的电话由机器人处理，效率提升了两倍以上，日均节省时间约4.21小时，有效解决了占线问题，确保及时响应顾客，保障服务品质。此外，通过引入智能机器人进行客房送物服务，以及设置离店自助机处理退房手续，配合智能客服解答客户疑问，实现了全程无接触服务，全面提高了酒店服务的智能化水平。

为了实现数字化运营升级，泉城大酒店打造了移动端数字化运营统一管理平台——掌讯通。掌讯通不仅实现了实时经营数据查询、口碑管理、渠道管理、出租率预警、风险管控，还实现了客房打扫、工程报修等酒店内部管理的数字化应用。通过数字化运营，提高管理效率，优化用户体验，降低对"经验主义"的人工依赖，从而构建起"精益+数据"双轮驱动的酒店运营模式。

后 记

从标准化、提案改善到精益小组经营制,以及后续的权力结构调整和数字化转型,泉城大酒店在不断探讨和摸索自己的可持续发展之路。自2012年以来,泉城大酒店的年营业收入维持在1亿元左右,虽然年营业收入并没有明显增加,但是2016年的净利润比2012年增长了45.9%。由此可见,通过导入精益管理,企业不仅在盈利能力上获得了巨大的提高,而且服务满意度亦逐年稳步提高。此外,泉城大酒店还三次获得"山东饭店金星奖""山东省服务名牌"称号。2015年,泉城大酒店被评为管理创新先进单位、山东创新智库服务基地;2016年,其被评为第四届山东省管理创新先进单位;2017年,其获得中国烹饪协会中餐科技进步奖一等奖。这些成果都证明了泉城大酒店精益管理体系探索的初步成功。疫情之后的经济新常态下,酒店将继续以提升服务效率和服务质量,降低成本、消除浪费、提高效益为原则,坚持以顾客为本,加强酒店精神文明建设,自觉履行社会责任,精心打造独具特色的企业文化。

后 记

精益管理不仅是战略上的布局，更多的是企业的自我完善，是一种集安全、品质、高效及成本管控于一体的科学管理模式。它可以促使企业的管理呈现持续的螺旋式上升，通过改品质、提效率、去库存、降成本等方式，降低企业的运营成本和管理成本。精益管理在酒店行业的推行，实质上是非标酒店行业供给侧结构性改革的体现。其不断完善与实施，有望为非标酒店行业带来第三次深刻变革。将精益管理视为发展新引擎，意味着酒店业将迈入一个主动求变、自我优化的新阶段，这标志着酒店业将全面进入高质量发展的新阶段。

自2012年与天津大学合作开启精益管理转型之路以来，泉城大酒店便以"刀刃向内"的勇气踏上了自我革新的征程。回首过往，泉城大酒店的精益实践始终围绕两大核心展开——客户价值和持续改善。在客房清洁流程中，我们通过动作分解和标准化作业，将效率提升30%；在客户入住环节，引入自助机器人、智能终端等数字化工具，将平均等待时间缩短至1分钟；在餐饮服务中，基于Kano模型精准区分客户需求，推出"非遗美食"和亲子定制菜单，将服务从"功能满足"升级为"情感共鸣"。这些实践背后，是制造业"消除浪费"理念与服务业"即时交付"特性的深度融合，更是对"精益服务模式"的持续验证。

泉城大酒店的转型经验表明，服务业的精益化绝非简单地移植制造业的精益工具，而是通过本土化创新与系统性实施，实现质的改变。例如，在推行"精益小组经营制"时，我们将制造业的"班组自主管理"转化为服务场景中的"前线授权"，赋予员工现场决策权；在数字化实践中，通过大数据分析客户行为热力图，精准优化服务触点布局。这种从"宏观管理"到"微观管理"的深化，正是精益服务模式的核心竞争力。

面向未来，泉城大酒店的精益探索将聚焦三大方向。

第一，数字化精益的纵深推进。依托大数据与AI技术，构建客户体验实时监测平台，将数据的收集、分析和预测嵌入服务全流程。例如，通过智能算法预测客户需求波动，动态调整资源配置；利用情感识别技术优化服务响应，将"数据驱动"从概念转化为实际效能。

第二，精益服务生态的拓展。从单一场景延伸至"酒店+在地文化"的生态融合。未来，泉城大酒店将进一步深化"泉水文化进酒店"项目，将趵突泉非遗技艺、鲁菜文化体验与住宿服务相结合，打造"精益服务+文化赋能"的双向价值链，实现社会效益与经济效益的共振。

第三，精益基因的持续孵化。建立"全员改善"文化，通过提案改善大赛、跨部门协作课题等形式，将一线员工从单纯的"执行者"转变为积极的"改善者"。正如泉城大酒店的实践所揭示的，管理的本质不是依赖资金或技术，而是通过机制激发人的潜能——唯有让每位员工成为精益的"火种"，企业方能实现真正的可持续发展。

当今时代，技术壁垒逐渐消弭，管理的竞争将成为企业决胜的关键。泉城大酒店的经验揭示了一个真理——精益服务模式的核心在于构建强大的管理系统，它不仅是工具与流程的集合，更是企业基因的重塑。未来的精益化，需以客户价值为原点、以数据为驱动、以文化为土壤，将"消除浪费"的理念贯穿从战略到执行的每一个细节中。

展望前路，我们坚信，精益不是终点，而是通往卓越的永恒起点。愿本书所探索的酒店服务业精益服务模式能为中国服务业注入一剂"变革之血"，与同行者共赴精益化未来！

参考文献

[1] 稻盛和夫. 阿米巴经营[M]. 北京：新世界出版社，2005.

[2] 今井正明. 现场改善：低成本管理方法[M]. 华经，译. 北京：机械工业出版社，2000.

[3] 今井正明. 改善：日本企业成功的奥秘[M]. 周亮，战凤梅，译. 北京：机械工业出版社，2010.

[4] 牛占文，杨福东，刘凯，等. 精益战略部署：构建精益管理的长效机制[M]. 北京：中国商业出版社，2024.

[5] 牛占文，杨福东，荆树伟，等. 精益管理实践者的思考[M]. 北京：中国商业出版社，2023.

[6] 牛占文，杨福东. 精益管理的理论、方法体系及实践研究[M]. 北京：科学出版社，2019.

[7] 吴晓波. 数字化战略：从理论到实践[M]. 杭州：浙江大学出版社，2020.

[8] 杨福东，荆树伟，牛占文. 精益水到渠成：城市供水企业精益之道

[M]. 北京：中国商业出版社，2020.

[9] 詹姆斯·P.沃麦克，丹尼尔·T.琼斯. 精益服务解决方案[M]. 陶建刚，罗伟，陆明明，译. 北京：机械工业出版社，2022.

[10] 詹姆斯·P.沃麦克，丹尼尔·T.琼斯. 精益思想[M]. 沈希瑾，张文杰，李京生，译. 上海：商务印书馆，2005.

[11] 周立刚. 新常态经济形势下酒店精益小组经营制模式研究：以山东银座泉城大酒店为例[J]. 管理观察，2017(8)：71-72.

[12] 周立刚. 运用精益管理思想筹划落实营改增：泉城大酒店的具体思路与做法[J]. 财务与会计，2017(4)：26-28.

[13] 周立刚. 加强管理会计创新　实现新常态下的业绩稳步增长：山东银座旅游集团的管理会计创新实践[J]. 财务与会计，2016(23)：9-12.

[14] 周立刚. 银座佳悦连锁酒店互联网+的探索与研究[J]. 信息技术与信息化，2015(4)：124-126.

[15] 周立刚. 面向核心竞争力提高的酒店标准化和持续改善方法研究[D]. 天津：天津大学，2014.

[16] Ahlstroem P. Lean Service Operations: Translating Lean Production Principles to Service Operations[J]. International Journal of Services Technology and Management，2004，5(5/6)：545-564.

[17] Bowen D E，Youngdahl W E. Lean Service: In Defense of a Production-Line Approach[J]. International Journal of Service Industry Management，1998，9(3)：207-225.

[18] Hines P，Holwe M，Rich N. Learning to Evolve: A Review of Contemporary Lean Thinking[J]. International Journal of Operations and Production Management，2004，24(10)：994-1011.

[19] Swank C K. The Lean Service Machine[J]. Harvard Business Review，2003，81(10)：123-129.